초등학생이 꼭 알아야 할
독립운동가
한국을 지킨 자랑스러운 독립운동가 이야기
100인

주환선 글·그림 | 김태훈 감수

바이킹

추천사

주먹밥 하나 제대로 먹을 수 없었던 그때

우리말도 마음대로 쓰지 못했던 그때

독립운동가들은 꿈을 꾸었습니다.

뒤에 오는 우리에게만큼은 나라 잃은 서러움과

차별을 물려주지 않겠노라고.

지금 우리는 그분들 덕에 오늘도 맛있게 밥을 먹고,

학교도 잘 다니고 있습니다.

우리에게 평범하지만 평화로운 일상을 선물로 준

100인의 독립운동가들

우리는 이분들을 기억해야 합니다.

그게 우리의 도리입니다.

- 역사 커뮤니케이터 큰★별쌤 최태성

우리나라를 지킨 독립운동가들의 소원은 단 하나였습니다.
대한 독립 만세!

이 책을 읽는 여러분께

다시, 지금 여기에서
대한 독립 만세!

여러분은 김구, 안창호, 안중근, 유관순, 윤봉길이 누구인지 아시나요? 이분들은 우리나라의 독립을 위해 싸우셨던 자랑스러운 독립운동가들입니다.

일제 강점기라는 어둠의 시대를 살았던 우리 선조들은 나라를 되찾고 진정한 조국의 독립을 위해 목숨 바쳐 싸웠습니다.

저는 어렸을 때 역사에 관심이 많은 학생이었어요. 한번 역사책을 펼치면 푹 빠져들어 시간 가는 줄도 몰랐지요. 미술을 전공한 어머니의 영향을 받아 저는 그림 그리기도 좋아했어요. 대학을 졸업한 후에는 일본 도쿄에서 산업 미술 분야를 공부했지요.

공부를 마치고 귀국한 어느 날, 역사 다큐멘터리를 보는데 문득 독립운동가들의 초상화를 그리고 싶다는 생각이 드는 거예요. 그래서 우리 역사와 독립운동가들에 관해 공부하고, 열심히 독립운동가 후손을 찾아다니며 조사했습니다. 그러다 보니 독립운동가를 그리는 작업이 이제는 저에게 사명처럼 느껴집니다.

이 책에는 우리가 꼭 기억해야 할 독립운동가들의 이야기를 담았어요. 한국 최초의 여성 미국 유학생이자 고종의 밀사가 되어 파리로 향했던 김

란사, 고령의 나이로 조선 총독부 총독에게 폭탄을 던진 강우규, 일본의 감시를 피하기 위해 200쪽 넘는 보고서를 외운 오광심, 타이완에서 일본 천황의 장인을 향해 단검을 날린 조명하를 만날 수 있지요. 그리고 우리나라의 독립을 지지하며 일본의 만행을 자신들의 나라에 알렸던 푸른 눈의 독립운동가들까지 있어요. 책을 읽다 보면 익숙한 독립운동가도 있지만 처음 마주하는 독립운동가도 있을 거예요. 익히 잘 아는 독립운동가라면 다시금 그분들의 뜻을 되새기고, 처음 알게 된 독립운동가라면 어떤 삶을 사셨는지 배울 수 있을 거예요.

  이 책을 통해서 그들이 대한의 독립을 위해 어떻게 싸웠는지, 우리 민족의 독립운동이 얼마나 고귀하고 치열한 투쟁이었는지를 알 수 있는 계기가 되기를 바랍니다. 또한 역사를 되새기면서 우리가 사는 세상을 제대로 바라보고 이해하는 힘은 바로 나 자신에게 있다는 것을 깨닫기를 바랍니다.

  자, 그럼 가슴 벅차게 자랑스러운 100명의 독립운동가들을 만나 볼까요?

주환선

차례

추천사 · 2
이 책을 읽는 여러분께 · 4

김구 · 8
이봉창 · 12
윤봉길 · 14
안창호 · 16
이회영 · 20
이동녕 · 22
김홍일 · 24
여운형 · 26
김규식 · 28
이동휘 · 30
조소앙 · 32
안중근 · 34
엄항섭 · 38
이시영 · 40
김창숙 · 42
이상설 · 44
신규식 · 46
정정화 · 50
조지 루이스 쇼 · 52
지청천 · 54

김경천 · 56
박용만 · 58
김마리아 · 60
노백린 · 64
권기옥 · 66
유일한 · 68
박상진 · 70
김원봉 · 72
신채호 · 76
김성수 · 78
백정기 · 80
박열 · 82
김상옥 · 84
김익상 · 88
강우규 · 90
조명하 · 92
김란사 · 94
유관순 · 96
주시경 · 100
한용운 · 102
이육사 · 104
윤동주 · 106

송몽규 · 108
오동진 · 110
김동삼 · 114
홍범도 · 116
최운산 · 120
서일 · 122
김좌진 · 124
이범석 · 126
이혜련 · 128
김필순 · 129
차이석 · 130
추푸청 · 131
김순애 · 132
안미생 · 133
안공근 · 134
이강 · 135
이화림 · 136
민필호 · 137
문일민 · 138
윤기섭 · 139
최능진 · 140
김기도 · 141

채응언 · 142	이상화 · 157	올리브 R. 에비슨 · 172
손정도 · 143	김시현 · 158	로버트 그리어슨 · 173
오광심 · 144	권애라 · 159	조지 새넌 맥큔 · 174
오희옥 · 145	손병희 · 160	데이지 호킹 · 175
장준하 · 146	김형기 · 161	프레더릭 아서 매켄지 · 176
박차정 · 147	남동순 · 162	새뮤얼 오스틴 모펫 · 177
계봉우 · 148	이관술 · 163	도움받은 자료들 · 178
남자현 · 149	이순금 · 164	독립운동가 인물 카드 · 183
의친왕 · 150	호러스 그랜트 언더우드 · 165	
나석주 · 151	메리 스크랜튼 · 166	
이인 · 152	후세 다쓰지 · 167	
안무 · 153	앨리스 해먼드 샤프 · 168	
김성숙 · 154	패트릭 도슨 · 169	
두쥔훼이 · 155	윌리엄 린튼 · 170	
김약연 · 156	루이 마랭 · 171	

일러두기

- 이 책에 수록된 독립운동가들의 이야기는 어린이들이 쉽게 읽을 수 있도록 간추려 담았습니다. 공훈전자사료관과 한국독립운동인 명사전 사이트를 참조하여 독립운동가 한 분 한 분의 행적이 훼손되거나 오류를 범하지 않도록 노력했습니다.
- 독립운동가의 출생 연도와 사망 연도를 표기할 때는 한국독립운동인명사전 사이트를 우선 기준으로 하였으며 날짜 계산 일관성을 위해 1896년 이전 출생자도 양력으로 밝혔습니다.
- 본문 8~126쪽에 있는 인물 그림에서 인물 아래 그려진 두 개의 기 중 왼쪽은 독립군 진군기이고 오른쪽은 태극기입니다. 이 책의 표지와 본문에 실린 국기는 정면에서 보았을 때를 기준으로 하여 그렸습니다.
- 인물 그림에서 인물의 이름 옆에 있는 로고는 해당 인물이 활동했던 단체를 나타냅니다.

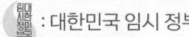 : 대한민국 임시 정부  : 흥사단 : 한국광복군 총사령부 : 한국광복군 제2지대 : 조선 의용대

김구

우리 민족의 영원한 스승, 독립운동의 큰 별

1876년 8월 29일 ~ 1949년 6월 26일

"네 소원이 무엇이냐?" 하고 하나님이 내게 물으시면, 나는 망설이지 않고
"내 소원은 우리나라 대한의 완전한 자주독립이오." 하고 대답할 것이다.

김구의 《백범 일지》 중 '나의 소원'

김구는 본래 이름이 창수였어요. '구'는 나중에 바꾼 이름이에요. 보통 '백범(白凡)'이라는 호를 붙여 '백범 김구'라고 부르기도 합니다.

어린 시절 김구는 엄청난 개구쟁이였대요. 아버지의 멀쩡한 숟가락을 일부러 부러뜨려 엿으로 바꾸어 먹은 일도 있었어요. 언제나 씩씩하고 활달하게 지내던 김구가 중요한 결심을 하게 된 사건이 있었어요. 김구의 할아버지가 갓을 쓰고 외출했다가 "어디 상놈이 양반의 갓을 쓰느냐!"라며 양반들에게 봉변을 당했어요. 김구의 집안은 원래 양반 가문이었으나 몰락하여 가난하게 지내고 있었거든요. 이 일로 김구는 집안을 일으키려면 과거에 급제해야겠다고 결심하고 열심히 시험을 준비했어요. 하지만 부정한 대리 시험으로 과거 제도가 타락한 세태를 보고 시험 준비를 그만두었어요.

신분 차별이 없는 평등한 세상을 꿈꾸다

김구는 열여덟 살이 되던 1893년, 동학을 받아들여 수행을 시작했어요. 민족 종교인 동학은 '백성이 곧 하늘'이라는 인내천 사상을 주창하고 모든 사람은 평등하다고 가르쳤어요. 핍박받던 백성들은 동학을 통해 새로운 희망을 꿈꾸었지요. 김구는 동학 농민 운동 당시 700여 명의 포수를 이끄는 대장으로 이름을 알렸어요.

일본의 조선 침탈이 더욱 심해지던 1895년 을미사변이 일어났어요. 일본군이 경복궁에 침입해 명성 황후를 참혹하게 시해한 사건이지요. 이에 분노한 김구는 한 주막에서 조선인인 척 모습을 꾸미고 칼을 찬 수상한 일본인을 발견하고는 그를 처단했어요. 그리고 "국모의 원수를 갚으려고 이 왜놈을 죽였노라. 해주 백운방 김창수."라는 글을 현장에 남기고 떠났어요.

대한민국 임시 정부를 이끌다

"대한 독립 만세! 대한 독립 만세!"

1919년 3월 1일, 우리나라 방방곡곡에서 만세 소리가 울려 퍼졌어요. 이때 김구는 일본의 감시를 피하고 독립운동을 계속하기 위해 중국 상하이로 떠났지요.

상하이에 도착한 김구는 **이동녕**과 함께 대한민국 임시 정부에 합류했어요. 김구는 경찰의 최고위직인 경무 국장에 올랐고, 1923년에는 내무 총장에 임명되었습니다.

● 대한민국 임시 정부 요인과 가족들

위기를 극복하기 위해 한인 애국단을 만들다

하지만 대한민국 임시 정부는 내부 갈등과 재정난으로 위기를 겪었어요. 게다가 만주 사변이 일어나고 일본이 본격적으로 중국을 침략한 뒤로는 상하이에서 독립운동을 펼치는 일이 더 어려워졌지요. 이러한 상황에서 김구는 위기를 극복하기 위해 '한인 애국단'을 만들었어요. 한인 애국단은 **이봉창**, **윤봉길**의 의거를 시작으로 조선 총독부의 요인이나 일본 고위 관리 암살을 꾸준히 시도했어요. 한인 애국단의 활동은 일본을 두렵게 만들었으며 한편으로는 중국이 대한민국 임시 정부를 적극적으로 도와주는 계기가 되었지요.

새로운 나라를 세우기 위해 앞장서다

1945년 8월 15일, 마침내 광복을 맞이했어요. 김구는 이 땅에 새로운 나라를 세우기 위해 노력했지요. 하지만 외세의 세력 다툼에 말려든 한반도는 남과 북으로 나누어지고 말았어요. 남쪽에는 미군이, 북쪽에는 소련군이 주둔했어요. 심지어 미국, 영국, 소련이 참여한 모스크바 삼국 외상 회의(1945년 12월)에서 미국과 소련은 각각 남한과 북한을 대신 다스리는 신탁 통치를 결정했지요.

김구를 비롯한 지도자들은 신탁 통치 반대 운동을 벌였고, 통일된 조국을 만들자고 남과 북의 지도자들을 설득했어요. 하지만 김구의 이러한 노력에도 불구하고 남북은 따로 선거를 하여 각각의 정부를 세웠습니다.

● 삼팔선을 넘는 김구

대한민국 임시 정부를 왜 상하이에 세웠을까요?

3·1 운동으로 일본의 탄압이 심해지자 민족 지도자들은 독립운동을 체계적으로 이끌 임시 정부가 필요하다고 생각했어요. 일본의 감시를 덜 받으면서도 세계 여러 나라와 외교 활동을 벌일 수 있는 곳으로 중국 상하이를 선택했지요. 상하이 대한민국 임시 정부는 외교, 언론, 군사 활동을 통해 일본의 식민 통치에 저항하는 항일 독립운동을 조직적으로 펼쳤습니다.

● 상하이 대한민국 임시 정부 청사

이봉창은 서울에서 태어났어요. 그는 집안 형편이 어려워 학교를 졸업하자마자 일자리를 찾아야 했지요. 하지만 일제 강점기였기에 조선인이라는 이유로 갖은 차별을 받고 괴롭힘을 당했어요. 이봉창은 자신이 왜 차별받고 살아야 하는지 생각했고 조국의 독립을 위해 무엇을 해야 할지 고민했어요. 1931년 이봉창은 상하이에 있는 대한민국 임시 정부를 찾아갔어요. 그리고 **김구**와 면담하며 이렇게 말했지요.

"제 나이 이제 서른 하나입니다. 앞으로 서른 한 해를 더 산다고 해도 지금보다 더 나은 재미는 없을 것입니다. 인생의 목적이 쾌락이라면 지난 31년 동안에 쾌락이란 것을 다 맛보았습니다. 이제는 영원한 쾌락을 꿈꾸며 우리 독립 사업에 헌신할 목적으로 상하이에 왔습니다."

김구는 이봉창의 애국심과 독립사상에 크게 감명하였지요.

일왕을 처단하기로 결심하다

한인 애국단의 첫 번째 단원으로 가입한 이봉창은 일왕 저격 계획을 세웠어요. 김구가 의거에 필요한 자금과 수류탄을 준비했고 이 기간이 꼬박 1년이 걸렸지요.

1932년 1월 8일, 이봉창은 도쿄의 경시청 앞에서 일왕의 행차를 기다렸어요. 마침내 일왕 히로히토가 탄 마차가 도착하자, 그는 군중 속에서 몸을 일으켜 수류탄을 힘껏 던졌어요. 하지만 수류탄은 제대로 터지지 않았지요. 이봉창은 그 자리에서 일본 경찰에게 붙잡혔고, 끌려가면서도 "대한 독립 만세, 대한 독립 만세!"를 목 놓아 외쳤습니다.

● 의거 전 태극기 앞에서 사진을 찍는 이봉창

윤봉길

중국의 30만 대군이 못한 의거, 대한 청년이 해내다
1908년 6월 21일 ~ 1932년 12월 19일

"너희도 만일 피가 있고 뼈가 있다면 반드시 조선을 위하여 용감한 투사가 되어라.
태극의 깃발을 높이 드날리고 나의 빈 무덤 앞에 찾아와 한 잔 술을 부어 놓으라."

윤봉길은 어린 시절부터 남다른 민족의식을 품고 조국의 현실에 눈을 떴어요. 빼앗긴 나라를 되찾기 위해서는 지식을 쌓는 것이 중요하다고 생각했지요. 그래서 야학당을 만들어 농민들을 교육하고 월진회 등을 조직해 농촌을 발전시키려고 애썼습니다.

1930년 윤봉길은 조국 독립의 의지를 안고 대한민국 임시 정부가 있는 상하이로 떠났어요. 그리고 **김구**를 만나 한인 애국단에 가입했지요. 1932년 일본은 상하이 훙커우 공원에서 일왕의 생일 축하 겸 일본의 상하이 점령 전승 기념행사를 계획했어요. 김구는 이 행사에 일본군 주요 간부들이 모일 테니 한인 애국단이 나설 절호의 기회라고 생각했지요. 그리고 윤봉길에게 이 일을 맡기기로 했어요.

일본의 심장을 저격하다!

1932년 4월 29일, 윤봉길은 도시락과 물통 모양의 폭탄을 가지고 훙커우 공원으로 향했어요. 행사장에 도착한 그는 일본 국가가 끝나갈 무렵, 단상을 향해 물통 모양 폭탄을 던졌어요. 순식간에 행사장은 아수라장이 되었고 단상 위에 있던 일본군 장군과 고위 관리들이 죽거나 크게 다쳤어요.

도시락 폭탄은 의거가 실패할 경우를 대비해 만든 자결용이었는데, 윤봉길은 끝내 그것을 사용하지 못한 채 일본군에게 바로 체포되었지요. 윤봉길의 의거는 당시 독립운동가들에게 큰 힘을 주었으며, 대한민국 임시 정부가 중국 국민당의 지원을 받을 수 있는 계기가 되었어요.

● 윤봉길이 한인 애국단에 가입해 선서문과 폭탄 등을 들고 촬영한 사진

안창호

나라를 위한 일이라면 언제, 어디서나
발 벗고 나선 실천가

1878년 11월 9일 ~ 1938년 3월 10일

"그대는 매일 5분이라도 나라를 생각해 본 일이 있는가?"

안창호는 가난한 집안의 셋째 아들로 태어났어요. 어린 시절 그는 동학 농민 운동과 청일 전쟁을 겪으며 세상에 눈을 뜨기 시작했어요. 나라가 힘이 없는 것에 안타까움을 느끼고 교육의 중요성을 깨달았지요. 안창호는 신학문을 배우며 학생들을 가르쳤고, 열아홉 살이 되던 해 독립 협회에 가입했어요.

'독립 협회'는 1896년 서재필, 이상재 등이 자주독립과 내정 개혁을 주장하며 만든 단체예요. 독립 협회는 독립문을 세우고, 우리나라 최초의

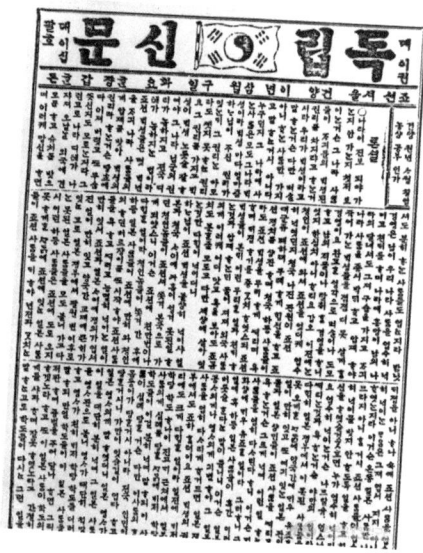
● 〈독립신문〉

민간 신문이자 한글판과 영문판으로 발행된 신문인 〈독립신문〉을 발간했어요. 독립 협회 활동 중 가장 대표적인 것이 바로 민중 대회인 '만민 공동회'예요. '만민'은 모든 백성을 뜻하고 '공동회'는 큰 모임을 의미하지요. 만민 공동회는 신분이나 직업의 차별 없이 자유롭게 자신의 의견을 밝힐 수 있었어요. 안창호는 평양 쾌재정에서 열린 만민 공동회에서 백성의 마음을 시원하게 대변하는 연설을 했어요. 이때 청중의 박수갈채를 받았습니다.

더 넓은 세상에서도 조국의 독립만을 염원하다

스물네 살이 된 안창호는 미국으로 건너가 새로운 학문을 배우기로 결심했어요. 샌프란시스코에 도착한 그는 한인 친목회를 조직하고, 이를 발전시켜 민족 운동 단체인 '공립 협회'를 창립했어요. 또한 동포들을 찾아가 독립 의식을 일깨워 주고, 독립운동을 돕기 위한 자금을 모았습니다.

1905년 일본은 대한 제국의 외교권을 빼앗기 위해 강제로 을사조약을 체결했어요. 이 소식을 접한 안창호는 귀국 후 양기탁, 이승훈 등과 함께

'신민회'라는 비밀 결사 조직을 만들었어요. 신민회는 '우리나라의 국권을 회복하고 자주독립국을 세우겠다.'는 목표로 활동했지요. 당시 신민회의 회원 수는 전국적으로 약 800명에 달했다고 해요. 회원이 되려면 엄격한 심사를 거쳐야 했지요. 신민회는 민족 교육에 이바지하기 위해 다양한 서적과 잡지를 출판했고 대성 학교와 오산 학교를 세웠어요. 또한 장기적으로 독립 전쟁을 준비하며 만주에 독립운동 기지를 건설했습니다.

고된 감옥 생활에도 꺼지지 않은 독립의 불꽃

1909년 **안중근**이 하얼빈에서 이토 히로부미를 저격한 사건이 일어나자, 일본은 공립 협회가 이 사건에 관여했다고 생각했어요. 그래서 안창호를 체포해 고문했지요. 이후 감옥에서 풀려난 안창호는 더 이상 국내에서 활동할 수 없음을 깨닫고 다시 미국으로 향했어요.

안창호는 하와이, 만주, 시베리아 등 각 지역에서 활동하는 대표자들을 샌프란시스코로 불러들여 '대한인 국민회'를 조직했어요. 3·1 운동 이후에는 중국 상하이로 건너가 대한민국 임시 정부의 내무 총장에 취임했어요. 또한 그는 독립운동을 위한 인재를 기르는 '흥사단'을 만들었습니다.

1932년 **윤봉길**이 상하이 훙커우 공원에서 일왕을 향해 폭탄을 던졌어요. 이 사건으로 상하이에서 활동하는 많은 애국지사가 일본 경찰에게 붙잡혔지요. 이때 안창호도 체포되었어요.

일본 경찰은 안창호에게 물었어요. "앞으로도 독립운동을 계속할 작정인가?" 이에 안창호

● 대한인 국민회 동지들과 안창호(앞줄 오른쪽)

● 1916년 흥사단 연례 대회 기념사진(앞줄 가운데가 안창호)

는 "나는 밥을 먹어도 우리나라 독립과 민족을 위해 먹었고, 잠을 자도 우리나라 독립을 위해 잤소. 그러니 앞으로 민족을 위해 일하고자 함은 변함이 없다."라고 말하며 독립에 대한 의지를 꺾지 않았습니다.

지구 한 바퀴를 돌며 독립운동을 펼쳤다고요?

안창호는 미국, 중국, 러시아, 멕시코, 필리핀 등 세계 곳곳을 누비며 동포들을 돕고 독립운동을 펼쳤어요. 당시에는 여권을 '여행권', '집조(執照)', '호조(護照)'라고 불렀어요. 안창호가 가지고 있던 집조는 그의 독립운동 여정을 구체적으로 알려 줘요. 집조를 보면 지구 한 바퀴(약 4만 킬로미터)를 거뜬히 돌고도 남을 만큼 거리를 다녔다고 해요!

● 1902년 안창호가 미국 유학을 가기 위해 사용했던 집조

이회영은 명문 양반가 집안의 넷째 아들로 태어났어요. 이회영의 집안은 조선 왕조와 대한 제국에서 높은 벼슬을 두루 하여 재산이 매우 많았어요.

1905년, 일본이 강제로 을사조약을 체결했어요. 이회영은 을사조약의 부당함을 세계에 알리고, 이를 무효화하기 위해 네덜란드 헤이그에 특사를 파견하려고 했지만 일본의 방해로 실패로 돌아갔지요.

조국 독립을 위해 전 재산을 바치다

1910년 결국 일본에게 나라를 빼앗기자 이회영과 그의 형제들은 독립운동을 하기 위해 만주로 건너갔어요. 그곳에서 가문의 전 재산을 팔아 독립운동가를 키우기 위한 교육 시설인 '신흥 강습소'를 만들었지요. 신흥 강습소는 이후 '신흥 무관 학교'로 이름을 바꾸었어요. 훗날 신흥 무관 학교 출신 독립군들은 **홍범도**와 **김좌진**이 이끄는 부대에 합류했고, 일본군과의 전투에 참여해 큰 승리를 거두었습니다.

이회영과 그의 형제들이 독립운동에 바친 재산은 쌀 6천 석 정도라고 해요. 오늘날 약 600억 원에 달하는 큰돈이었지요. 이 돈은 신흥 무관 학교 설립과 유지, 독립운동 지원 자금으로 모두 사용되었습니다.

을사조약

러일 전쟁 이후 일본은 대한 제국의 외교권을 빼앗고 통감부를 설치하는 을사조약을 강제로 맺었어요. 을사조약으로 대한 제국은 일본의 식민지가 된 것이나 다름없었지요. 을사조약은 '을사늑약'으로도 불려요. '늑약'이란 '억지로 맺은 조약'이라는 뜻이에요.

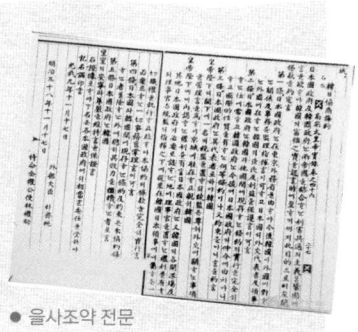

● 을사조약 전문

이동녕

김구의 스승이자 대한민국 임시 정부의 정신적 지주

1869년 10월 6일 ~ 1940년 3월 13일

"내가 마지막까지 존경해야 할 사람은 이동녕 선생뿐이다."

김구의 《백범 일지》 중에서

이동녕은 전통 있는 명문가 집안에서 태어났어요. 그는 동학 농민 운동과 청일 전쟁을 겪으면서 민족의식을 키웠고, 스물여덟 살 때부터 본격적으로 독립운동에 뛰어들었어요.

1896년 이동녕은 서재필, 이상재 등이 조직한 독립 협회에 가입했어요. 독립 협회가 주최한 민중 대회인 만민 공동회에 참여해 나라의 잘못된 정치를 비판하는 목소리를 내기도 했지요. 1905년 을사조약이 강제로 체결되자 그는 동지들과 덕수궁 대한문 앞에서 일본의 강제 침략을 규탄하고 조약의 부당함을 선언하는 시위도 벌였습니다.

북간도로 망명하여 국권 회복 운동을 전개하다

이동녕은 만주 북간도에 있는 용정촌으로 망명했어요. 그는 그곳에서 **이상설**과 함께 우리나라 최초 국외 사립 학교인 '서전서숙'을 세웠어요. 그는 민족 교육을 실시하며 독립운동 인재를 양성했습니다.

귀국 후에는 신민회 결성에 참여했고, 1910년 다시 만주로 갔어요. 그리고 **이회영**과 함께 신흥 강습소를 세워 초대 교장으로 취임했습니다.

또한 이동녕은 대한민국 임시 정부 설립에 참여해 국무총리와 주석 같은 중책을 맡았어요. 그는 대한민국 임시 정부를 이끌면서 **김구**에게 큰 힘을 주었고 스승과 같은 역할을 했답니다. 김구가 한인 애국단을 만들 때도 이동녕이 적극 지원하였으며 **이봉창**과 **윤봉길**의 의거도 함께 계획한 거였지요.

● 서전서숙

김홍일

일제 강점기를 거쳐 6·25 전쟁에 이르기까지 나라를 지킨 영웅

1898년 9월 23일 ~ 1980년 8월 8일

"내 사랑하는 조국의 독립과 민족의 영원한 번성을 위해
내 남은 생애를 아낌없이 바치겠노라."

김홍일의 《대륙의 분노》중에서

김홍일은 평안북도 용천군에서 태어났어요. 그가 자란 고향은 용암포와 가까웠는데, 이 지역은 러일 전쟁 당시 일본이 무력으로 점령한 곳이었지요. 그래서 김홍일은 어렸을 때부터 일본의 만행을 목격하고, 을사조약 체결에 분노하는 주변 어른들을 보며 강한 항일 의식을 키웠습니다.

1918년 김홍일은 독립운동을 하기 위해 중국 군관 학교에 입학했어요. 1919년 3·1 운동이 일어나자 그는 상하이로 건너갔지요. 그는 대한민국 임시 정부 군무 총장인 **노백린**을 찾아가 독립군에 합류했고, 중국을 누비며 독립군 부대에 몸을 담았어요.

이봉창과 윤봉길 의거에 사용된 폭탄을 제조하다

김홍일은 상하이 병공창의 병기 주임으로 근무한 적이 있어요. 그의 임무는 여러 종류의 무기와 탄약을 각 군대에 분배하는 것이었어요. 이 과정에서 약간의 권총과 수류탄 정도는 재량으로 공급할 수 있었지요. 이때 김홍일은 **김구**의 요청으로 의열 투쟁에 쓰일 무기를 확보하고, 폭탄을 제조했어요. 당시 그가 제조한 폭탄이 바로 **이봉창**과 **윤봉길**의 의거에 사용된 폭탄이었지요.

1945년 김홍일은 한국광복군 참모장이 되어 항일 무장 독립운동을 펼쳤어요. 광복 후 6·25 전쟁이 일어났을 때는 북한군을 저지하기 위해 전력을 다해 싸웠습니다.

● 한국광복군 참모장 시절 김홍일

여운형

조국 독립과 민족 통일을 위해
일생을 바친 위대한 지도자
1886년 5월 25일 ~ 1947년 7월 19일

"혁명가는 침상에서 죽는 법이 없다. 나도 서울 한복판에서 죽을 것이다."

여운형이 태어날 때 그의 어머니는 커다란 해를 품에 안는 꿈을 꾸었다고 해요. 그래서 여운형에게 '태양을 꿈꾸다.'라는 뜻이 담긴 '몽양(夢陽)'이라는 호를 지어 주었지요.

1910년 8월 29일, 한일 병합 조약이 강제로 맺어지면서 대한 제국은 국권을 잃고 일본의 식민지가 되었어요. 이에 여운형은 활동지를 상하이로 옮겼고, 파리 강화 회의에 한국 대표를 파견하기 위해 '신한 청년당'을 만들었어요. 그리고 1919년 **김규식**을 한국 대표로 파리 강화 회의에 파견했지요.

3·1 운동 이후에는 대한민국 임시 정부에서 외무부 차장을 맡으며 대한민국 임시 정부의 입법 기관인 임시 의정원 의원으로도 활동했습니다.

광복을 맞이한 후 새로운 국가를 세우기 위해 준비하다

여운형은 일본이 항복하기 직전인 1944년부터 국내에서 새로운 국가를 건설하기 위한 준비를 했어요. 좌우 합작과 자주 국가 설립을 목표로 '조선 건국 준비 위원회'를 만들었지요. 하지만 미국과 소련의 개입으로 우리 민족이 분단될 위기에 놓이자 그는 급히 북한을 방문하여 김일성과 회담을 가졌어요. 남과 북이 조금씩 양보하여 통일 국가를 세우기를 바랐지요. 하지만 이러한 그의 노력이 결실을 맺기 전에 1947년 여운형은 암살당해 생을 마감하고 말았습니다.

왜 독립운동가들은 파리 강화 회의에 참석하려고 했을까요?

제1차 세계 대전 이후, 미국의 윌슨 대통령은 '모든 민족은 그 민족의 운명을 스스로 결정해야 한다'는 내용의 '민족 자결주의'를 주장했어요. 이에 영향을 받은 독립운동가들은 파리 강화 회의에 참석해 우리나라의 독립 의지를 국제 사회에 알리려고 했습니다.

김규식

자신의 능력을 조국 독립에 쏟아부은
대한민국 임시 정부 외무 총장
1881년 1월 29일 ~ 1950년 12월 10일

"우리의 독립은 우리의 손으로만이 되옵니다. 우리의 독립은 우리가 단결하여 싸우되
마지막 핏방울이 떨어질 때까지 싸워야 되옵니다."

김규식은 강원도 홍천군에서 태어났어요. 당시 그의 아버지는 부산 동래에서 임시 관리직을 맡고 있었는데, 일본이 불평등 무역을 전개하자 부당함을 지적하는 상소를 올렸다가 귀양을 가게 되었어요. 그 충격으로 어머니가 돌아가시면서 김규식은 미국인 선교사 **호러스 그랜트 언더우드**가 세운 고아원에서 신학문을 배우며 성장했습니다.

청년이 된 김규식은 독립 협회가 발간하는 〈독립신문〉의 취재 기자로도 잠시 근무했어요. 이때 서재필이 미국 유학을 권유했고 그는 언더우드의 후원으로 유학길에 올랐지요.

● 파리 강화 회의 대표단과 김규식(앞줄 맨 오른쪽)

조선의 독립 의지를 세계만방에 알리다

1919년 독립운동가들은 대한민국 임시 정부 수립을 계획하던 와중에 프랑스 파리에서 제1차 세계 대전의 승전국 대표들이 모이는 강화 회의가 열린다는 사실을 알게 되었어요. 그리하여 이 회의에 대표단을 파견하기로 했지요.

이때 파견된 사람이 바로 김규식입니다! 하지만 프랑스 외교부는 그가 독립 국가의 대표가 아니라는 이유로 회의 참석을 거부했지요. 대한민국 임시 정부는 급히 김규식을 대한민국 임시 정부 외무 총장으로 임명한다는 외교 문서를 파리로 발송했어요. 이러한 노력에도 조선의 독립은 회의에서 논의되지 않았어요. 그렇지만 김규식의 파리 강화 회의 참석 시도는 우리의 독립 의지를 국제 사회에 알리고, 독립운동의 불씨를 지폈다는 데 의의가 있습니다.

이동휘

조선의 독립을 위해 앞장섰던
과감한 혁명가
1873년 6월 20일 ~ 1935년 1월 31일

"최후 혈전(血戰)이라야 반드시 영원한 독립을 성공하리라 하노라."

이동휘는 열여덟 살에 한성 무관 학교에 입학해 근대 군사 기술을 배웠어요. 졸업 후에는 강화도에서 진위 대장으로 일하면서 부패한 관리들을 엄격하게 처벌해 전국적으로 이름을 알렸습니다. 또한 관직 생활을 청렴하게 수행하여 강화도 도민의 존경을 받았지요.

나라를 구하기 위해 교육 운동을 벌이다

러일 전쟁 이후 일본은 본격적으로 우리나라를 침략하기 시작했어요. 급기야 대한 제국의 군대까지 강제 해산시켰지요. 이러한 상황에 분노한 이동휘는 군직을 내려놓고, 학교를 세워 민족 교육 운동을 벌였어요. 그는 무관 출신이었지만 위태로운 나라를 구하기 위해서는 민족 교육이 중요하다고 생각했거든요. 그리고 **안창호**, **이동녕** 등과 함께 신민회 활동에 참여하며 개성, 평양, 원산 등지에 여러 학교를 설립했습니다.

그러던 중 국내에서 3·1 운동이 일어나자, 이동휘는 중국 상하이로 건너갑니다. 그는 대한민국 임시 정부의 국무총리로 취임한 후 조국의 독립을 위해 열심히 활동했어요. 러시아로 가서 독립 자금을 모금하는 등 독립을 위한 일이라면 무엇이든지 적극적으로 앞장섰습니다.

● 강화도 진위 대장 시절 이동휘

조소앙은 조선 최고의 교육 기관인 성균관에 최연소로 입학할 만큼 정말 똑똑했어요. 성균관을 졸업한 후에는 황실 특파 유학생으로 뽑혀 일본으로 유학을 떠났지요.

그는 유학 생활을 하며 한인 유학생들과 항일 운동을 펼쳤고, 유학을 마친 후에는 곧바로 상하이로 건너가 독립운동가들과 함께 대한민국 임시 정부 수립을 논의했지요. 조소앙은 대한민국 임시 정부의 헌법과 각종 공식 문서들을 작성했고, 외교 특파원으로 임명되어 세계 각국에서 외교 활동을 펼쳤습니다.

대한민국 임시 정부의 건국 강령을 제정하다

일제 강점기 당시 여러 독립운동 단체는 저마다의 방식으로 우리 민족에게 닥친 문제를 해결하려고 했어요. 이때 조소앙은 대한민국 임시 정부의 건국 강령이 되는 사상을 제시했어요. 바로 '삼균주의'였지요. 삼균주의는 정치·경제·교육의 평등을 통해 사회의 불균등을 해결하려는 이론이었어요. 조소앙은 삼균주의를 바탕으로 우리 민족이 나아갈 길을 제시했고, 독립 후 맞이할 국가의 방향을 만들어 나갔지요.

대한민국 헌법의 토대를 마련한 삼균주의

대한민국 임시 정부의 임시 헌장 제1조와 현재 대한민국 헌법 제1조 1항이 같다는 사실을 알고 있나요? 조소앙의 삼균주의를 바탕으로 만들어진 대한민국 임시 정부의 임시 헌장은 제1조에서 국민이 국가 권력을 행사하는 민주주의 체제임을 분명히 밝혔어요. 이는 대한민국의 독립이 국민의 노력과 헌신이 있었기에 가능했으며, 나라를 움직이는 힘 역시 국민에게서 나온다고 밝힌 거예요.

안중근

하얼빈에 울려 퍼진 "코레아 우라!"
일본의 심장을 쏘다
1879년 9월 2일 ~ 1910년 3월 26일

"나는 대한 독립을 위해 죽고,
동양 평화를 위해 죽는데 어찌 죽음이 한스럽겠소."

안중근은 황해도 해주에서 태어났어요. 그는 어렸을 때부터 한문을 배우고, 조선 역사에 관한 서적을 익혔으며 말타기와 활쏘기 등 무예도 갈고닦았어요. 특히 활 쏘는 솜씨가 능숙해서 명사수로 이름을 날릴 정도였다고 해요. 열아홉 살에는 '토마스(Thomas)'라는 천주교 세례명을 받았어요.

일본에 저항하여 의병 투쟁을 이끌다

러일 전쟁에서 승리한 일본은 본격적으로 조선을 침탈하기 시작했어요. 1907년에는 고종이 강제로 퇴위당하고 대한 제국의 군대가 해산되었지요. 이러한 상황에서 안중근은 국외에서 항일 의병 투쟁을 전개해야 한다고 생각했어요. 그래서 러시아 블라디보스토크로 가서 다른 독립운동가들과 함께 의병 부대를 조직했지요. 안중근은 약 300명이 넘는 의병 부대의 참모 중장이 되어 일본군과 치열하게 싸웠어요. 하지만 일본군의 기습 공격으로 안중근이 이끄는 의병 부대는 큰 타격을 입게 되었어요. 부대원들은 제각기 흩어졌고, 안중근도 산길을 헤매다 간신히 러시아 연해주로 돌아왔지요.

이후 안중근은 뜻을 같이하는 11명의 동지와 '동의 단지회'를 결성하고 조국을 위해 목숨을 바치기로 맹세했어요. 그들은 맹세를 떠올리며 왼손 약지를 자른 피로 태극기 위에 '대한 독립(大韓獨立)'이라고 썼지요.

1909년 안중근은 이토 히로부미가 북만주 하얼빈에 방문한다는 소식을 접하게 되었어요. 이토 히로부미는 1905년 을사조약을 강제로 맺

● 동의 단지회 태극기

게 만든 인물이자 조선 침략의 우두머리였지요. 안중근은 이토 히로부미를 처단할 계획을 세웠어요.

거사의 날, 그리고 코레아 우라!

1909년 10월 26일, 안중근은 이토 히로부미를 처단하기 위해 하얼빈역으로 향했어요. 거대한 열차가 역 안으로 들어오자 마침내 이토 히로부미가 모습을 드러냈지요. 안중근은 숨겨 두었던 총을 꺼내 이토 히로부미를 향해 쏘았어요. 탕, 탕, 탕! 세 발의 총소리가 역에 울려 퍼졌고 이내 이토 히로부미가 쓰러졌어요. 안중근은 큰 소리로 외쳤지요.

"코레아 우라!(대한 독립 만세!) 코레아 우라! 코레아 우라!"

안중근은 그 자리에서 러시아 경찰에게 체포된 후 중국 뤼순에 있는 일본 대사관 지하실에 갇혔어요. 안중근은 재판 중에도 일본의 잘못을 꾸짖고 의연함을 잃지 않았어요. 그는 일본인 재판관의 심문에 대해 "나는 한국 의병 참모 중장의 자격으로 대한의 독립과 동양의 평화를 지키기 위해 거사를 행한 것뿐이오."라고 말했어요. 일본 사람들도 안중근의 당당한 태도

● 동료들과 재판을 받고 있는 안중근(맨 오른쪽)

에 크게 놀랐지요.

   그는 일본 검찰관으로부터 조사를 받으면서도 하루도 빠짐없이 책을 읽고 글을 썼어요. 안중근은 감옥 안에서 자서전《안응칠 역사》를 저술하고 이어《동양 평화론》을 집필했지요. 하지만 집필을 마치지 못하고 안중근은 세상을 떠나고 말았습니다.

안중근이 밝힌 이토 히로부미의 죄상 15가지

1. 대한 제국의 명성 황후를 시해한 죄
2. 고종 황제를 폐위시킨 죄
3. 을사조약과 정미 7조약을 강제로 맺은 죄
4. 무고한 한국인들을 학살한 죄
5. 정권을 강제로 빼앗은 죄
6. 철도, 광산, 산림, 하천을 강제로 빼앗은 죄
7. 제일은행권 지폐를 강제로 사용하게 하고 재정을 고갈시킨 죄
8. 군대를 해산시킨 죄
9. 교육을 방해한 죄
10. 외국 유학을 금지시킨 죄
11. 교과서를 압수하여 불태워 버린 죄
12. 한국인이 일본인의 보호를 받고자 한다고 전 세계에 거짓말을 한 죄
13. 1905년 이후 한국은 하루도 평안한 날 없이 살육이 끊이지 않는데, 한국이 태평 무사하다고 천황에게 보고한 죄
14. 동양의 평화를 깨트린 죄
15. 일왕의 아버지 태왕을 살해한 죄

엄항섭은 경기도 여주군에서 태어났어요. 그는 3·1 운동을 겪으며 본격적으로 독립운동의 길을 걷기로 마음먹었어요. 그리고 상하이로 건너가 **김구**를 만났고 대한민국 임시 정부에 합류했지요.

대한민국 임시 정부 활동을 하면서도 그는 학업을 이어 가기 위해 노력했어요. 항저우에 있는 대학에 입학하여 중국어, 영어, 불어 등을 공부했지요. 대학을 졸업하고 다시 상하이로 돌아온 엄항섭은 달라진 대한민국 임시 정부를 보고 깜짝 놀랐어요. 초창기 대한민국 임시 정부는 많은 독립운동가로 구성되어 있었는데, 여러 가지 사정으로 그들이 뿔뿔이 흩어져서 대통령도, 국무총리도 없는 상황이 되었거든요. 대한민국 임시 정부는 조직을 유지할 수 없을 정도로 상황이 열악했고, 경제적으로도 매우 어려워져서 임시 정부 건물의 집세도 내지 못할 정도였지요.

위기가 닥친 대한민국 임시 정부를 끝까지 지켜 내다

엄항섭은 상하이에 있던 프랑스 조계 공동국에 취직했어요. 그리고 자신의 월급으로 대한민국 임시 정부 요원들의 끼니를 해결해 주었지요. 당시 일본은 상하이에서 활동하는 대한민국 임시 정부 요원들을 체포하기 위해 프랑스 영사관에 협조 공문을 끊임없이 보냈어요. 이때 엄항섭은 이 정보를 미리 알고 요원들을 안전하게 대피시키기도 했지요.

김구는 위기가 닥칠 때마다 대한민국 임시 정부를 지킨 엄항섭을 믿고 많은 일을 맡겼어요. 엄항섭은 김구가 작성하는 각종 글을 번역하는 일을 도맡았지요. 김구는 **이봉창**이 의거 이후 사형에 처한다는 소식을 듣고 이봉창의 행적과 의거의 정당성을 알리는 글을 썼어요. 엄항섭은 김구가 쓴 글을 중국어로 번역하였고, 이는 중국 신문에 보도되기도 했습니다.

이시영

대한민국 최초의 초대 부통령

1869년 12월 3일 ~ 1953년 4월 17일

"내 재산 찾으러 독립운동한 게 아니오."

이시영은 명성이 자자한 명문가 집안에서 태어났어요. 이시영의 바로 위의 형이 **이회영**이에요. 이시영은 나라가 점점 기울어지는 상황에서도 관직 생활을 하며 비밀 결사 단체인 신민회를 조직하는 데 가담했지요.

1910년 결국 일본에 국권을 빼앗기자 이시영은 형제들과 함께 만주로 건너갔어요. 그곳에서 독립운동

● 대한민국 임시 정부 요인들과 이시영(앞줄 맨 오른쪽)

기지를 건설하고, 독립운동 단체인 '경학사'를 조직했어요. 또한 독립군을 양성하기 위한 신흥 강습소를 만들었지요.

대한민국 임시 정부 수립에 참여하다

1919년 4월 10일, 이시영은 형 이회영과 함께 상하이에서 열린 임시 의정원 회의에 참석했어요. 이 회의를 통해 대한민국 임시 정부 수립이 결정되었고 '대한민국'이라는 국호도 제정되었지요. 이시영은 대한민국 임시 정부의 재무 총장을 맡으며 자금 관리를 책임졌어요. 이후 임시 정부가 침체기에 빠지자 그는 재정 문제를 해결하기 위해 열심히 노력했지요. 또한 **이봉창**과 **윤봉길**의 의거 무렵에는 미리 대한민국 임시 정부 요인들의 피신처를 준비하기도 했습니다.

이시영은 광복 후 대한민국의 초대 부통령으로 당선되어 나라를 위해 힘썼어요. 그는 일평생 민족을 위해 일했으며 힘든 상황에서도 청렴결백한 삶을 살았습니다.

김창숙은 유학자 집안의 장남으로 태어났어요. 어린 시절 그는 글공부보다 친구들과 노는 것을 더 좋아했지요. 그러던 중 아버지가 을미사변에 분노하며 세상을 떠나자 김창숙은 본격적으로 유학 공부를 시작했어요. 이름난 학자들을 찾아다니며 학문을 배우고 일본에 맞설 방법을 모색했지요.

조선의 마지막 선비, 불굴의 독립 정신을 보여 주다

김창숙은 선비들을 모아 독립운동을 하는 모임을 만들었어요. 1905년 을사조약이 강제로 체결되자 을사오적과 친일 단체의 매국 행위를 비판하며 "이 역적의 잘못을 꾸짖지 않는 자 또한 역적이다."라고 주장하는 상소문을 올렸지요.

그는 상하이로 건너가 대한민국 임시 정부 수립에 참여했으며 독립 자금을 모아 독립운동을 지원하는 등 수많은 활약을 했습니다.

1927년 그는 일본 경찰에게 붙잡혀 형무소에 수감되었고 잔혹한 고문을 당했어요. 그 영향으로 두 다리를 쓸 수 없게 되었어요. 그럼에도 불구하고 김창숙은 옥중 투쟁을 벌이면서 일본의 식민 통치에 강렬하게 저항했습니다.

을사오적

1905년 을사조약이 강제로 체결되었을 때, 고종을 비롯한 여러 대신들은 이 조약을 완강하게 거부했어요. 그러자 일본은 조약에 찬성하는 대신들만 불러 다시 회의를 열었어요. 이완용, 이지용, 박제순, 이근택, 권중현 다섯 명의 대신들이 을사조약에 찬성해 서명했지요. 이들을 '나라의 외교권을 팔아넘긴 다섯 명의 도적'이라는 의미로 '을사오적'이라고 부릅니다.

이상설은 어릴 때부터 매우 총명해서 한문학은 물론 근대 학문을 독학으로 깨우쳤어요. 십 대에 이미 서양의 수학 개념을 정리해 《수리》라는 책도 썼어요.

1905년 을사조약이 강제 체결되자 이상설은 을사오적을 처단하고 조약의 무효화를 주장하는 상소를 올렸어요. 그 후 **이회영**, **이동녕** 등과 의논하여 우리 민족이 많이 이주한 북간도의 용정촌으로 이동했어요. 그곳에서 '서전서숙'이라는 학교를 설립하여 신학문을 교육하고, 학생들에게 직접 수학을 가르치기도 했지요.

을사조약의 부당함을 알리기 위해 헤이그 특사로 파견되다

그러던 중 이상설은 고종 황제의 비밀 명령을 받았어요. 네덜란드 헤이그에서 열리는 만국 평화 회의에 참석해 일본의 침략을 폭로하고, 을사조약의 부당함을 알려 국제 사회에 도움을 구하라는 것이었지요. 이때 헤이그로 떠난 이상설, 이준, 이위종 세 사람을 '헤이그 특사'라고 부릅니다.

세 사람은 험난한 여정 끝에 네덜란드 헤이그에 도착했어요. 하지만 세계 여러 나라가 이미 을사조약을 승인했기 때문에 대한 제국의 외교권을 인정할 수 없다고 했지요. 이상설은 포기하지 않고 외국인 기자들에게 자신들의 활동을 보도해 달라고 했어요. 이러한 노력으로 특사단은 국제 협회에 초청되어 일본의 침략과 대한 제국의 입장을 담은 연설문을 낭독했어요. 그러나 일본의 방해로 끝내 만국 평화 회의에는 참석하지 못했습니다.

● 1907년 네덜란드 헤이그 만국 평화 회의에 파견된 이준(왼쪽), 이상설(가운데), 이위종(오른쪽)

신규식

우리의 마음이 곧 대한의 혼이다
1880년 1월 13일 ~ 1922년 9월 25일

"이 애꾸눈으로 왜놈들을 흘겨보기로 하자.
어찌 나 한 사람만의 상처이겠는가. 우리 민족의 비극적 상징이다."

신규식의 《한국혼》 중에서

신규식은 충청북도 청원군에서 태어났어요. 어려서부터 총명하여 한문을 익히고 사서오경 같은 유교 경전을 공부하였지요. 1898년에는 독립 협회의 주요 회원으로 활동하며 만민 공동회에도 적극적으로 참여했어요.

'예관(睨觀)'이라는 호를 정해 죽을 때까지 사용하다

육군 무관 학교에 입학해 교육을 받던 신규식은 군 내부의 부패함을 개혁하고자 동기들과 동맹 휴학을 벌였어요. 그런데 1905년 을사조약이 강제 체결되자 그는 서울 시내를 돌아다니며 미친 듯 소리쳤어요.

"을사오적은 나오너라!"

그리고 동지들을 모아 의병을 일으키려 하였으나 결국 실패했지요. 분노에 휩싸인 신규식은 독약을 먹음으로써 자결을 시도했어요. 다행히 가족이 그를 발견하여 목숨은 구했으나 오른쪽 눈의 시력을 잃고 말았습니다. 이후 그는 '이 애꾸눈으로 왜놈들을 흘겨보자.'라는 의미로 자신의 호를 '예관(睨觀)'이라 정했어요. '예(睨)'는 '흘겨보다, 노려보다'라는 뜻이고 '관(觀)'은 '보다'라는 뜻이지요.

한일 병합 조약이 체결되다

1910년 8월 22일, 일본은 총리대신 이완용에게 '대한 제국의 통치권을 일본에 넘긴다.'라는 내용의 문서를 내밀었어요. 이완용은 냉큼 문서에 도장을 찍었고, 우리나라는 식민지가 되어 일본의 지배를 받게 되었습니다.

일본은 우리 민족을 억누르기 위해 이른바 '무단 통치'를 하였어요. 일본 군대의 군인인 헌병을 앞세워 경찰 업무를 맡겼는데, 이는 강압적인 방법으로 조선인의 독립 의지를 꺾겠다는 의도였지요. 또한 학교에서 학생들에게 공부를 가르치는 교사들에게도 제복을 입히고, 칼을 차게 함으로써 공포 분위기를 조성했어요.

이때 신규식은 또 다시 자결할 생각을 했지만 독립 투쟁을 결심하며 중국 상하이로 망명했어요. 그곳에서 박은식과 함께 비밀 단체인 '동제사'를 조직했지요. 동제사는 약 300명의 회원으로 구성되었으며 **신채호**, **조소앙**, **김규식** 등이 활동했습니다. 또한 상하이 프랑스 조계 안에 박달 학원을 설립해 독립운동을 이끌어 갈 청년들을 교육했어요.

3·1 운동의 주춧돌 역할을 하다

1917년 7월, 신규식은 상하이에서 독립운동가 14명과 '대동 단결 선언'을 선포했어요. 이 선언은 나라의 주권이 국민에게 있다는 주권 재민 사상을 담고 있으며 대한민국 임시 정부 수립의 필요성을 주장했지요. 신규식은 파리 강화 회의에 김규식을 대표로 파견하기 위해 협조했고, 국내에서도 이에 호응하는 독립운동을 펼쳐야 한다고 생각했어요. 그리하여 국내와 일본에 동료들을 잠입시켜 2·8 독립 선언과 3·1 운동이 일어날 수 있도록 힘썼습니다. 민족 대표 33인 중 한 명인 오세창은 훗날 "3·1 운동은 예관에 의해 불이 붙었다."라고 회고했지요.

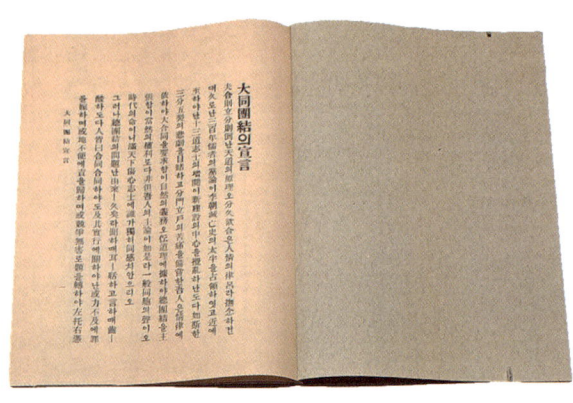
● 대동 단결 선언 문서

대한민국 임시 정부에서 활약하며 중국 혁명 세력과 연대하다

신규식은 대한민국 임시 정부에 참여했어요. 그는 대한민국 임시 정부 법무 총장에 임명되었고 중국 혁명 세력과 연대하여 주요 인사들의 신뢰를 얻었습니다. 하지만 1920년대 들어서 대한민국 임시 정부는 내부 갈등으로 침체에 빠졌어요. 이를 해결하고 독립운동의 새로운 방향을 논의하기 위해 '국민 대표 회의'가 개최되었지요.

회의 과정 중에 독립운동가들은 서로 의견이 좁혀지지 않자 분열했고, 급기야 초대 국무총리였던 **이동휘**와 국무총리 대리로 활동했던 **이동녕**이 자리에서 물러났지요. 혼란스러운 상황에서 신규식은 대한민국 임시 정부 국무총리 대리를 맡으며 외무 총장으로도 활약했어요. 외교 활동에 앞장서면서 대한민국 임시 정부를 유지하기 위해 최선을 다했지요.

1922년 9월 25일, 그는 숨을 거두는 순간까지 조국의 독립과 민족의 단합을 기원했습니다.

동제사는 어떤 단체였을까요?

동제사는 중국 상하이에 조직된 최초의 항일 독립운동 단체였어요. 박달 학원이라는 교육 기관을 만들어 인재를 양성하고, 중국 군사 학교에 조선인 학생을 보내 군사 교육을 받게 했지요. 상하이에 대한민국 임시 정부가 만들어지기 전까지 동제사는 독립운동가들의 구심점 역할을 했습니다.

● 동제사의 핵심 인물이었던 신채호(왼쪽), 신석우(가운데), 신규식(오른쪽)

정정화

대한민국 임시 정부의 잔 다르크

1900년 8월 3일 ~ 1991년 11월 2일

"민족을 대표하는 대한민국 임시 정부가 내게 할 일을 주었고,
나는 내가 맡은 일을 했을 뿐이다."

정정화는 서울에서 태어나 유복한 가정에서 성장했어요. 어릴 적에는 두 오빠를 따라 몰래 서당에 다니면서 천자문을 배우고, 한학을 익혔지요. 그리고 열한 살이 되던 해 동갑내기 친구였던 김의한과 결혼했습니다. 정정화는 개화파 집안에서 성장한 남편의 영향을 받아 국제 정세에 눈을 뜨게 되었어요.

불굴의 정신으로 조국의 독립을 이끌다

1919년 3·1 운동이 일어나자 그녀는 시아버지 김가진과 남편을 따라 상하이로 망명했어요. 서울에서 의주, 봉천을 거쳐 연이어 열차를 갈아타면서 꼬박 열흘 이상 걸려 상하이에 도착했지요. 그리고 얼마 후 정정화는 대한민국 임시 정부 법무 총장 **신규식**과 시아버지의 지시로 다시 국내로 잠입했어요. 독립운동 자금을 모금해서 상하이로 복귀하라는 임무를 받았거든요. 그녀는 20일 정도 서울에 머물면서 임무를 완수했어요. 이후에도 독립 자금을 모으고 운반하기 위해 압록강을 여섯 번이나 건너며 국내에 잠입했지요. 그야말로 목숨을 건 여정이었어요.

정정화는 대한민국 임시 정부가 재정적으로 힘든 상황일 때도 요원들의 주린 배를 채워 주고, 부상자를 돌보았어요. 광복 전까지 대한민국 임시 정부의 살림을 도맡던 정정화를 **김구**는 '한국의 잔 다르크'라고 칭송했지요. 그녀는 더불어 해외 각지에 있는 한인 여성 단체와 연계하여 독립운동을 펼쳤습니다.

● 대한민국 임시 정부 요인들과 함께 있는 정정화 (앞줄 왼쪽에서 두 번째)

조지 루이스 쇼는 아일랜드계 영국인으로, 중국의 안동(지금의 단둥시)에서 '이륭양행'이라는 무역 회사 겸 선박 회사를 운영했어요.

그는 3·1 운동 이후 **김구**를 비롯해 여러 독립운동가가 망명할 때 이륭양행의 선박 계림호를 탈 수 있도록 도왔어요. 또한 조지 루이스 쇼는 대한민국 임시 정부가 이륭양행 건물 안에 교통국을 설치해 국내와 연락할 수 있도록 지원했지요. 자금 조달 및 정보 수집을 돕고 무기·서류·출판물 등을 운송하고 보관해 주기까지 했습니다.

조지 루이스 쇼가 우리나라의 독립을 도운 이유

대한민국 임시 정부 요원 중 이륭양행 선박을 타지 않은 사람이 없을 정도라고 해요. 이렇듯 조지 루이스 쇼는 수많은 독립운동가를 물심양면으로 도왔어요. 당연히 일본의 눈엣가시가 된 그는 4개월 간 옥고를 치르기도 했지요. 하지만 그 이후에도 변함없이 한국의 독립운동을 지원했습니다.

그는 왜 위험을 무릅쓰며 우리나라의 독립운동을 도운 걸까요? 당시 그의 조국 아일랜드는 영국에 대항하여 독립 전쟁을 치르고 있었어요. 아마 그는 우리 민족의 독립 열망에 깊이 공감했을 거예요.

대한민국 임시 정부의 활동

대한민국 임시 정부는 독립운동 자금 모금, 정보 수집, 각 도와의 연락 업무를 위해 연통제와 교통국을 설치하여 운영했어요.

연통제는 국내의 도, 군, 면에 각각 설치한 비밀 행정 조직이에요. 그리고 교통국은 정보 수집, 자금 모금 등의 활동을 활발하게 전개했지요. 특히 임시 정부가 이륭양행 건물 2층에 설치한 안동 교통국은 대한민국 임시 정부와 국내를 연결하여 기밀 문서와 위험물 수송을 담당했습니다.

지청천

한국광복군을 이끌었던 총사령관

1888년 1월 25일 ~ 1957년 1월 15일

"조국의 광복을 위해 싸웁시다. 싸우다 싸우다 힘이 부족할 때에는
이 만주 벌판을 배개 삼아 죽을 것을 맹세합니다."

일본의 침탈이 심해지던 1908년, 지청천은 대한 제국 육군 무관 학교를 거쳐 일본 육군 사관 학교에 입학하기 위해 일본으로 유학을 떠났어요.

사관 학교를 졸업한 후 일본 육군에서 복무하며 육군 중위로 승진한 지청천은 국내에서 일어난 3·1 운동 소식을 듣게 되었지요. 그는 이대로 있어서는 안 되겠다는 생각이 들어 일본군을 탈출하여 만주로 망명했어요. 당시 일본은 현역 일본군 중위였던 지청천의 망명에 큰 충격을 받아 그를 잡으려고 현상금을 걸 정도였대요.

만주에 도착한 지청천은 신흥 무관 학교의 교관이 되었어요. 그는 일본 군대에서 배운 군사 지식을 청년들에게 교육했고, 여러 독립군 부대와 함께 일본에 맞서 치열한 전투를 벌였습니다.

한국광복군 총사령관이 되다

1930년 지청천은 한국 독립당 소속 군대인 한국 독립군의 총사령관이 되어 쌍성보, 사도하자, 대전자령 전투 등에서 일본군을 격퇴했어요. 이후 대한민국 임시 정부가 창설한 '한국광복군'의 총사령관으로 임명되었고, 미군과 연합하여 국내 진공 작전을 계획했습니다.

한국광복군

1940년 대한민국 임시 정부는 일본이 중국 내륙까지 침략하자, 정부를 충칭으로 옮겼어요. 이때 정식 군대를 만들 필요성을 느끼고 한국광복군을 창설했지요. 한국광복군은 미국 전략 첩보국(OSS)과 합작해 국내에 침투 작전을 수행하려고 했으나 1945년 일본이 항복하면서 계획이 무산되었어요.

● 한국광복군 전례식 기념사진

김경천

시베리아를 밝힌 독립의 불꽃
1888년 6월 5일 ~ 1942년 1월 2일

"동포는 멀리 있고 적은 눈앞에 있다.
이 장졸들의 심정을 훗날에 누가 동포들에게 알려 줄까?"

김경천의 《경천아일록》 중에서

김경천은 함경남도 북청군에서 군인 집안의 막내아들로 태어났어요. 군인인 아버지와 형들의 영향을 받아 어릴 때부터 군인이 되기를 꿈꾸었지요. 그는 중학교를 마친 후 국비 유학생이 되어 일본 육군 사관 학교에 입학했어요.

김경천은 뛰어난 실력으로 일본 육사 기병과를 최우등으로 졸업했어요. 처음에는 소위 계급 임명을 거부했으나 마음을 고쳐서 임명을 받아들였습니다. '독립 전쟁을 벌이려면 일본군 장교 생활을 해서 일본의 군사 기밀을 알아내야 한다.'라고 생각한 것이지요.

항일 무장 투쟁의 영웅들, 남만주의 삼천

김경천과 **지청천**은 일본 육군 사관 학교 선후배 사이였어요. 두 사람은 일본에서 군사 교육을 제대로 받은 다음, 때가 되면 독립운동에 뛰어들자고 결의했지요.

일본군 장교가 된 김경천은 3·1 운동 직후 지청천과 함께 만주로 망명했어요. 두 사람은 신흥 무관 학교에서 교관으로 근무하면서 신팔균을 만났어요. 마음이 통한 세 사람은 항일 무장 투쟁을 맹세하며 뜻을 모아 독립운동을 함께 하기로 다짐했지요. 당시 신팔균은 '동천'이라는 별명을 얻게 되어 사람들은 이들을 '남만주의 삼천(三天)'이라고 불렀습니다. 남만주에 있는 삼천 때문에 일본군이 겁을 먹고 있다는 의미로 "만주 삼천이면 산천초목도 떤다."라는 말이 있을 정도였지요!

시간이 지나 김경천은 러시아로 활동 무대를 옮겨 창해 청년단, 고려 혁명군 등을 이끌며 항일 투쟁을 이어 갔습니다.

박용만은 강원도 철원에서 태어났어요. 그는 일본에서 중학교를 졸업한 후 독립 협회와 만민 공동회에서 활동했어요. 치열하게 항일 투쟁을 전개하다 여러 차례 옥살이를 하기도 했지요.

미국으로 건너가 독립군 양성 학교를 세우다

1905년 박용만은 미국으로 망명했어요. 그는 어떻게 하면 독립군을 양성할 수 있을지 고민했지요. 그러던 중 1906년, 작은아버지를 따라 미국 콜로라도주 덴버로 활동지를 옮겼어요. 그곳에서 한인 동포들을 위한 여관과 직업 주선소를 운영했지요.

박용만은 1909년 6월, 미국 네브래스카주 커니시의 한 농장에서 국외 최초 한인 군사 학교인 '한인 소년병 학교'를 세웠습니다. 한인 소년병 학교는 여름 방학 때 입소하여 평균 8주간 군사 훈련을 했어요. 이곳을 거친 많은 졸업생은 국외에서 항일 무장 투쟁을 이어 가며 독립운동을 펼쳤습니다.

박용만은 당시 우리나라 이주민이 가장 많이 살던 하와이로 건너갔어요. 그곳에서 근대적 군사 조직인 '대조선 국민 군단'과 '대조선 국민 군단 사관 학교'를 만들어 독립군을 훈련시켰지요.

1919년 대한민국 임시 정부는 박용만을 초대 외무 총장으로 선임했어요. 하지만 박용만은 당시 대한민국 임시 정부가 외교 중심으로 독립운동을 전개하는 것에 한계가 있다고 생각했어요. 그래서 그는 대한민국 임시 정부에는 오래 참여하지 않았어요. 군대의 힘을 길러 일본과 맞서 싸워 독립을 쟁취해야 한다고 생각한 박용만은 무장 투쟁론을 펼쳤습니다.

김마리아

조국의 독립을 위해
2·8 독립 선언서를 기모노에 숨겨 오다
1892년 6월 18일 ~ 1944년 3월 13일
"난 대한의 독립과 결혼하였다."

김마리아는 황해도에서 명성 있는 가문의 세 자매 중 막내로 태어났어요. 어린 나이에 부모님을 여읜 김마리아는 학교를 졸업한 후, 서울로 올라가 작은 숙부인 **김필순**의 집에서 지냈어요. 당시 김필순은 신민회 활동에 참여했기에 그의 집에는 **안창호**를 비롯한 많은 독립운동가가 왕래했어요. 그러다 보니 그들의 영향을 받아 김마리아도 자연스럽게 항일 의식을 키울 수 있었어요.

일본으로 유학을 떠나다

1913년 김마리아는 일본으로 유학을 떠났어요. 이 무렵 도쿄에서는 김마리아의 막내 고모인 김필례와 한국 최초 여성 화가 나혜석 등을 중심으로 동경 여자 유학생 친목회가 결성되었어요. 1917년 김마리아는 친목회 회장으로 선출되었고, 총무인 나혜석과 함께 유학생회를 이끌었지요. 그녀는 탁월한 지도력으로 조직을 더욱 단단하게 뭉치게 했습니다.

2·8 독립 선언에 참여하다

1918년 제1차 세계 대전이 끝났어요. 전쟁으로 많은 사람이 목숨을 잃고 도시가 파괴되었지요. 그래서 각 나라 대표들은 세계 질서를 다시 세우기 위해 파리에서 회의를 열었어요. 그곳에서 미국의 윌슨 대통령은 '모든 민족은 자신의 운명을 스스로 결정해야 한다.'는 민족 자결주의를 주창했지요. 이 민족 자결주의에 영향을 받은 도쿄 유학생들은 이때야말로 독립운동을 일으킬 기회라고 판단했어요.

● 김마리아

김마리아는 2·8 독립 선언을 비밀리에 추진하면서 여학생의 독립운동 참여를 격려했어요. 당시 유학생의 독립운동 활동은 남학생 중심이었고 2·8 독립 선언의 서명도 남학생만 참여했거든요.

마침내 1919년 2월 8일, 일본에서 공부하는 유학생들이 모여 독립 선언서를 낭독하고 결의문을 발표했어요. 하지만 2·8 독립 선언 이후, 서명 명단에 없었던 김마리아가 갑자기 일본 경찰에게 체포되었어요. 2·8 독립 선언서에 서명한 남학생 중 한 명이 동경 여자 유학생 친목회로부터 자금을 받았다고 말했거든요. 당시 일본의 주요 감시 대상은 남자 유학생이었기 때문에 김마리아는 조사를 받고 약 8시간 만에 풀려났어요.

목숨을 걸고 독립 선언서를 숨겨 오다!

김마리아는 2·8 독립 선언서를 조선으로 가져가 사람들에게 독립 선언을 알려야 한다고 생각했어요. 그래서 일본의 감시를 피해 안전하게 국내로 들어갈 계획을 세웠지요. 이때 그녀는 유학 중에 단 한 번도 입지 않았던 기모노를 처음으로 입었어요. 기모노 허리에 걸치는 넓고 긴 허리띠인 오비 속에 독립 선언서를 숨기기 위해서였지요. 오비는 허리에 감아 뒤쪽에서 매듭을 짓기 때문에 풀기가 매우 어려웠어요. 또한 오비를 푼다는 것은 여성의 속옷을 드러나게 하므로 매우 모욕적인 행동이었지요.

김마리아는 대한 독립의 뜻이 담긴 독립 선언서를 품속에 깊숙이 넣고서 감시의 눈길을 피해 무사히 귀

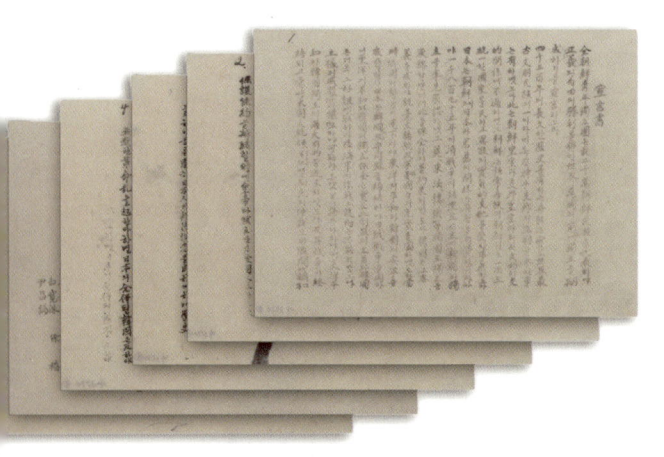

● 2·8 독립 선언서

국했어요. 김마리아가 들여온 독립 선언서 10여 장은 여성계, 교육계, 종교계 등의 지도자들에게 무사히 전달되었어요. 그녀의 값진 노력은 3·1 운동의 불씨 역할을 하였지요.

그러나 김마리아는 3·1 운동을 주동한 혐의로 일본 경찰에게 붙잡혀 6개월간 모진 고문을 받아야 했어요. 그녀는 죽을 때까지 심각한 고문 후유증에 시달리면서도 조국 독립에 대한 의지를 잃지 않았습니다.

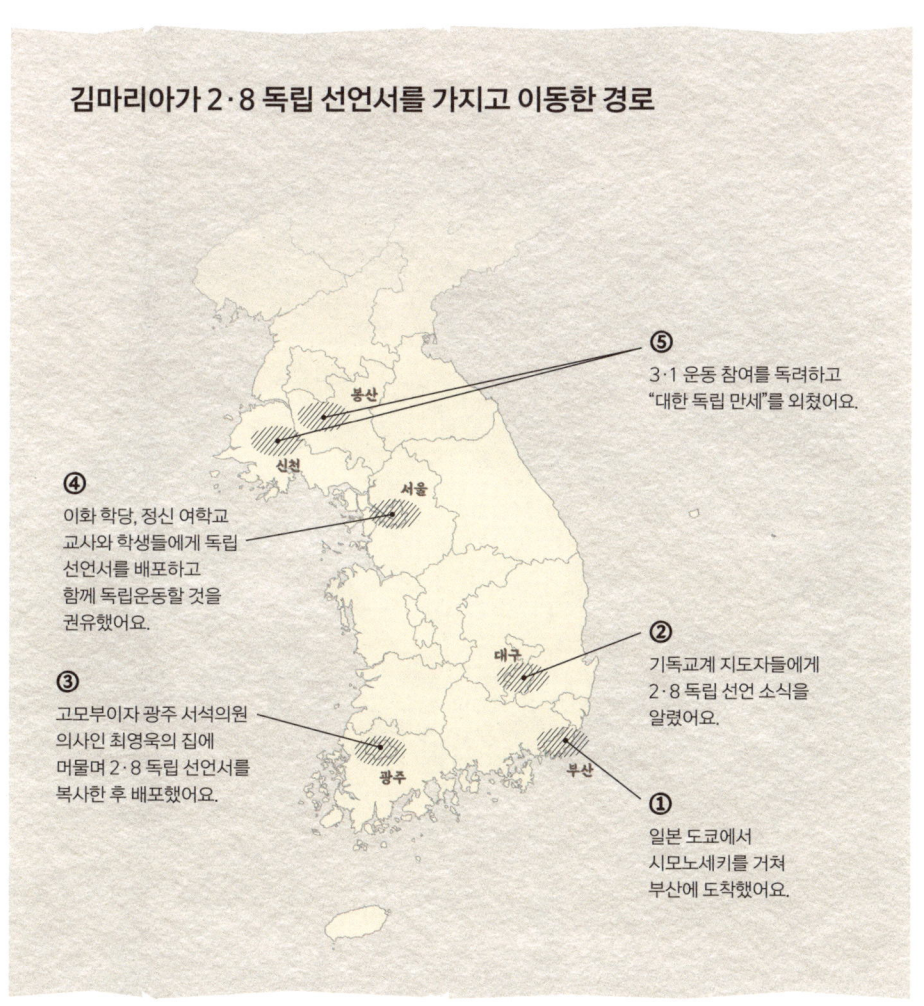

김마리아가 2·8 독립 선언서를 가지고 이동한 경로

⑤ 3·1 운동 참여를 독려하고 "대한 독립 만세"를 외쳤어요.

④ 이화 학당, 정신 여학교 교사와 학생들에게 독립 선언서를 배포하고 함께 독립운동할 것을 권유했어요.

③ 고모부이자 광주 서석의원 의사인 최영욱의 집에 머물며 2·8 독립 선언서를 복사한 후 배포했어요.

② 기독교계 지도자들에게 2·8 독립 선언 소식을 알렸어요.

① 일본 도쿄에서 시모노세키를 거쳐 부산에 도착했어요.

노백린

**친일파를 두려움에 떨게 했던
최초의 항일 비행사**

1875년 1월 10일 ~ 1926년 1월 22일

"앞으로의 승리는 하늘을 지배하는 자에게 있다."

노백린은 황해도에서 태어났어요. 어릴 때부터 키가 크고 체격이 튼튼해서 장군의 기질을 타고났다는 말을 많이 들었다고 해요. 그는 일본에서 육군 사관 학교를 졸업하고, 귀국 후에는 한국 육군 무관 학교의 교관이 되었어요.

● 1920년대 윌로우스 비행 학교 모습

1905년 을사조약이 강제로 체결되자 노백린은 분노에 휩싸였어요. 을사조약 체결을 기념하며 이토 히로부미는 대한 제국의 고위 관리들을 초청해 연회를 베풀었어요. 이때 노백린도 참석했지요. 그는 연회장에서 이완용, 송병준 등 을사오적을 보고 그들 앞으로 가서 "워리, 워리" 하고 개를 부르듯 소리를 냈어요. 나라를 팔아먹은 개 같은 인간이라고 그들을 조롱한 것이었지요.

최초로 한인 비행 학교를 세우다

노백린은 미국 하와이로 갔는데, 그곳에서 **박용만**을 만나 대조선 국민 군단에 가입했어요. 그리고 대한민국 임시 정부의 군무 총장으로 임명되었습니다.

노백린은 일찍이 일본 공군의 군사력이 약하다는 것을 깨달았어요. 그래서 한인 비행사를 양성해 공군을 만들 계획을 세웠지요. 그는 한인 재력가들의 도움을 받아 1920년 미국 캘리포니아주에서 최초의 한인 비행 학교인 '윌로우스 비행 학교'를 설립했어요. 윌로우스 비행 학교는 일본과의 공중전에 대비하여 비행기 조종사를 양성하는 데 목적을 두었지요. 또한 항공 독립운동의 시작점이라는 큰 의미를 지닌답니다.

권기옥이 태어났을 때 그녀의 아버지는 사내아이를 원했으나 첫째에 이어 또 딸이 태어났다고 몹시 화를 냈다고 해요. 그래서 이름을 지어 줄 필요도 없다며 '어서 가버려라'라는 뜻으로 '갈례'라는 이름을 붙였대요. 그런데 권기옥이 큰 병을 앓고 죽을 고비를 넘기자 부모님은 '기옥'으로 이름을 바꾸었지요.

열여섯 살 소녀, 비행사라는 꿈을 가지다

열여섯 살이 되던 해, 권기옥은 학교를 다니며 독립운동 자금을 모금하고, 3·1 운동에 참여하는 등 여러 항일 운동을 펼쳤어요. 그러던 어느 날, 용산 일본군 사령부 연병장(지금의 서울 용산구 국립 중앙 박물관 일대)에서 미국인 비행사 아트 스미스가 선보인 곡예비행을 보고 비행사라는 꿈을 품게 되었지요.

하지만 여자라는 이유로 몇몇 비행 학교에서 입학을 거절당했어요. 이후 그녀는 대한민국 임시 정부의 추천을 받아 한국 최초의 여성 비행사로서 중국 윈난 육군 항공 학교에 입학했어요. 권기옥은 조종술, 지상 실습 교육 등을 배우며 '기필코 일본으로 폭탄을 안고 날아가겠다.'라는 각오를 다졌지요.

1925년 권기옥은 윈난 육군 항공 학교의 제1기 졸업생이 되었지만 당시 대한민국 임시 정부는 자체적으로 공군을 조직할 자금이 없었어요. 그래서 그녀는 중국군의 비행사가 되어 일본과 맞서 싸웠지요.

1943년에는 대한민국 애국 부인회를 조직하여 광복 전까지 조국의 독립을 위해 힘썼습니다.

● 윈난 육군 항공 학교에서 동료들과 권기옥(맨 왼쪽)

유일한

나라를 위하는 마음 하나로
노블레스 오블리주를 실천하다
1894년 12월 13일 ~ 1971년 3월 11일

"사람은 죽으면서 돈을 남기고 또 명성을 남기기도 한다.
그러나 가장 값진 것은 사회를 위해 남기는 그 무엇이다."

유일한이 태어났을 당시 우리나라는 서양 열강들의 접근과 러일 전쟁으로 몹시 불안했어요. 재력을 쌓은 상인이었던 그의 아버지는 자식들이 장차 나라를 위해 큰일을 하길 바랐지요. 그래서 아홉 살이었던 유일한을 미국으로 유학 보냈습니다. 유일한은 미국에서 생활하면서 **박용만**이 만든 한인 소년병 학교에 자원입대했어요. 열심히 군사 훈련을 받으며 독립 전쟁의 지휘관이 되겠다는 꿈을 키웠지요.

청년 사업가로 성공해 유한양행을 설립하다

유일한은 대학 졸업 후 미국에 거주하는 중국인들에게 숙주나물 통조림을 판매하면서 청년 사업가로 성공했어요. 그는 귀국하여 '유한양행'이라는 제약 회사를 만들었지요. 유한양행은 좋은 품질의 약을 만들어 저렴한 가격에 판매했어요. 수익금은 독립운동을 위한 자금으로 사용되었지요. 1945년에는 미국 전략 첩보국(OSS)이 추진한 비밀 침투 작전인 냅코 프로젝트에도 참여했습니다.

그가 세상을 떠난 후 남긴 재산은 최소 50억 원이에요. 현재 가치로는 약 1,070억 원으로 추정되지요. 유일한은 손녀의 대학 학자금을 제외하고, 본인 소유 주식을 전부 한국 사회와 교육 기금에 기증했습니다.

유한양행 로고의 숨은 의미는 무엇일까요?

유일한은 유한양행을 만들기 전 서재필을 찾아갔어요. 서재필은 그에게 '조선 사람들이 마음 편히 쉴 수 있는 버드나무 그늘 같은 존재가 되어라.'라는 의미로 딸이 조각한 버드나무 목각화를 선물했지요. 이 그림이 지금의 유한양행 로고가 된 거예요.

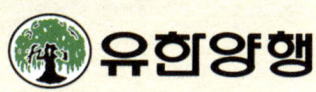

● 유한양행 로고

박상진은 전통적인 유학자 가문에서 태어났어요. 그는 근대식 사립 학교에 입학하여 법률학과 경제학을 공부하면서 신학문을 익혔어요. 판사 시험에 합격하여 평양 법원으로 발령을 받기도 했지만 일본의 식민지가 된 나라의 관리는 될 수 없다며 판사직을 거부했어요. 그러고는 독립 투쟁을 하기 위해 만주로 이동했습니다.

1912년 귀국한 박상진은 대구에 상덕태상회를 설립했어요. 곡물을 파는 가게였지만, 사실 독립운동의 연락 본부로 삼아 독립 자금을 지원할 목적으로 만든 거였지요. 박상진은 독립군 지원 단체인 조선 국권 회복단도 결성했어요. 이후 강력한 독립군 단체를 조직할 목적으로 풍기 광복단과 힘을 합쳐 '대한 광복회'를 결성하였고 그는 총사령을 맡았습니다.

의열 투쟁의 선구적 역할을 한 대한 광복회

대한 광복회는 동시대 결성된 비밀 단체 중 가장 전투적인 단체였어요. '비밀, 폭동, 암살, 명령'의 4대 기본 강령을 바탕으로 전국적으로 조직을 확대했지요. 활동에 필요한 자금은 친일 부호들의 의연금과 일본이 불법적으로 징수하는 세금을 압수하여 보충했어요.

그러던 중 박상진은 만주에서 권총을 구입해 국내로 반입하다가 일본 경찰에게 잡혀 투옥되었어요. 그는 감옥에서 나온 후에도 군자금을 모금하기 위해 노력했고, 비협조적인 친일 부호를 처단하는 등 조국 독립을 위해 치열하게 행동했습니다.

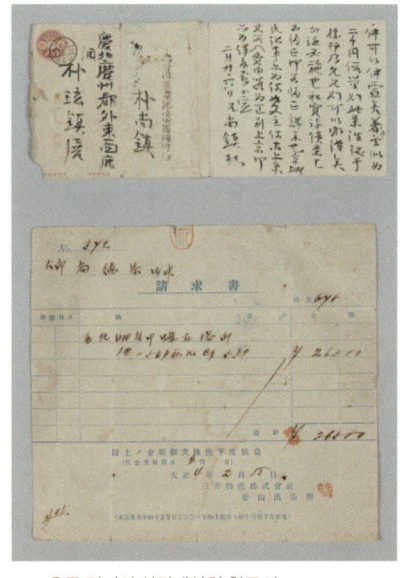

● 옥중 편지와 상덕태상회 청구서
이 유물은 친일 부호를 처단하여 체포된 박상진의 옥중 상황과 대한 광복회의 비밀 연락 본부였던 상덕태상회의 규모를 보여 줍니다.

김원봉은 경상남도 밀양에서 10남매 중 첫째로 태어났어요. 그는 어린 시절부터 일본에 대한 저항심이 남달랐는데 이것을 알 수 있는 유명한 일화가 있어요.

일왕의 생일을 기념하는 날, 일장기를 변소에 던져 버리다!

김원봉이 밀양 공업 보통학교(지금의 초등학교)에 다니던 시기, 우리나라는 일본의 식민지가 되었어요. 어느 날, 학교에서 일왕의 생일을 기념하며 축하 행사를 열었어요. 그런데 행사를 앞두고 큰 소동이 일어났어요. 누군가 일장기를 변소에 빠뜨린 것이었지요! 바로 김원봉과 그의 친구 윤세주가 벌인 일이었어요. 결국 두 사람은 학교에서 쫓겨났고 김원봉은 서울에서 학교를 다니다 독일어를 공부하기 위해 중국으로 건너갔어요.

1919년 김원봉은 국내에서 3·1 운동이 일어났다는 소식을 접했어요. 그리고 일본 경찰의 탄압으로 많은 사람이 죽고 감옥에 갇히게 되었다는 것도 알게 되었지요. 이때부터 그는 평화로운 방법으로는 독립을 이룰 수 없다고 생각하고 일본과의 무장 투쟁을 결심했어요. 이후 신흥 무관 학교에 입학해 군사 훈련을 받았으며 1919년 11월, 만주 지린성에서 '의열단'을 조직하고 단장이 되었습니다.

일본의 간담을 서늘하게 만든 의열단

의열단이라는 이름은 '정의로운 일을 맹렬히 행하는 단체'라는 의미가 있어요. 의열단의 암살 대상은 이른바 '칠가살(七可殺)'에 해당하는 자들이었어요. 조선 총독과 총독부 고위 관리, 군사 간부와 친일파 등이었지요.

의열단 단원들의 활동은 거침이 없었어요. 1920년에는 부산과 밀양 경찰서에 폭탄을 투척했고, 1921년에는 **김익상**이 조선 총독부에 폭탄을 투척했어요. 1923년 **김상옥**은 종로 경찰서에 폭탄을 투척한 후 총격전을 벌였으며 1926년에는 **나석주**가 동양 척식 주식회사와 식산 은행에 폭탄을 투척했습니다.

김원봉은 의열단 단장으로서 대규모 암살을 계획하고, 폭탄 투척 사건을 지휘하며 일본에 맞서 투쟁했어요. 하지만 시간이 지날수록 의열단 활동만으로는 우리나라의 독립을 앞당길 수 없다고 생각했어요. 일본의 탄압이 갈수록 심해지면서 많은 의열단 단원이 희생되었거든요. 김원봉은 조직적인 군대의 필요성을 깨닫고 단원들과 함께 중국 항저우에 있는 황푸 군관 학교에 들어가 체계적인 군사 훈련을 받았습니다.

그는 중국 국민당 정부와 협력하여 조선 혁명 군사 정치 간부 학교를 열었어요. 그리고 의열단을 포함해 독립운동 단체 9개를 묶어 '조선 민족 혁명당'을 결성했어요. 또한 항일 무장 부대인 '조선 의용대'를 만들고 총대장이 되었지요. 시간이 지나 김원봉은 조선 의용대 일부를 이끌고 대한민국 임시 정부가 만든 한국광복군에 합류했습니다.

말끔한 양복, 손질된 머리 모양을 고수한 의열단 단원들

당시 의열단 단원들의 사진을 살펴보면, 한껏 멋을 부린 모습을 발견할 수 있어요. 단원들은 깔끔한 양복 차림에 잘 손질된 머리 모양을 하고 있지요. 이러한 모습을 유지했던 이유는 일본 사교계에 침투하여 주요 인물에게 쉽게 접근하기 위함이었어요. 단원들은 수영과 테니스 같은 운동을 하며 최상의 컨디션을 유지하고, 마음의 여유를 갖기 위해 오락을 즐

● 의열단

기기도 했지요. 또한 사진 찍는 것을 무척 좋아했는데 항상 이번에 찍는 사진이 죽기 전에 찍는 마지막 사진이라고 생각했다고 해요.

일제 강점기, 현상금이 가장 높았던 김원봉!

김원봉은 의열단의 단장, 조선 민족 혁명당의 서기, 조선 의용대의 총대장, 한국광복군의 부사령관, 대한민국 임시 정부의 군무 부장 등 역임한 직위만 해도 10개가 넘습니다. 그래서 일본 경찰은 김원봉을 체포하기 위해 어마어마한 현상금을 걸었어요. 그에게 걸린 현상금은 **김구**의 현상금(당시 60만 원)보다 높은 100만 원이었지요. 이 금액은 현재 가치로 약 320억 원이라고 해요! 그만큼 일본이 김원봉을 무서워했으며 그가 조선의 독립운동에 아주 중요한 인물이었다는 의미예요.

● 김원봉

의열단의 투쟁 지침서 〈조선 혁명 선언〉

의열단 단원 류자명은 의열 투쟁의 이론을 세웠어요. 그리고 신채호를 만나 의열단의 투쟁 이념을 정리했지요. 두 사람은 한 달 동안 합숙하며 의열단의 투쟁 지침서인 '조선 혁명 선언'을 집필했어요. 조선 혁명 선언은 1920년대 독립운동 이론을 논리 정연하게 정리한 선언문으로 평가됩니다.

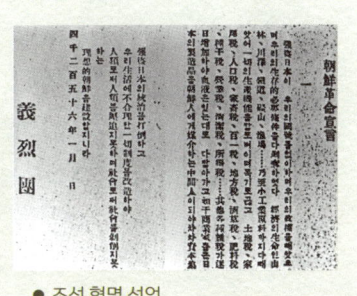
● 조선 혁명 선언

신채호

역사의 중요성을 강조했던 근대 역사학의 아버지
1880년 11월 7일 ~ 1936년 2월 21일
"역사라는 것은 아(我)와 비아(非我)의 투쟁이다."

어린 시절 신채호는 책을 무척 좋아해서 유학의 주요 경전들을 혼자 깨우칠 정도였어요. 열아홉 살이 되던 해에는 조선 최고의 교육 기관인 성균관에 입학했고, 독립 협회에도 가입했지요.

역사의 중요성을 강조하며 우리나라 역사 연구에 온 힘을 쏟다

1905년 을사조약이 강제로 체결되자, 신채호는 양기탁이 만든 항일 신문인 〈대한 매일 신보〉에 을사조약에 반대하는 글을 실었어요. 그는 일본의 침략으로부터 나라를 지키려면 우리의 역사를 바로 아는 것이 가장 중요하다고 생각했어요. 그래서 일본에 의해 왜곡된 역사를 바로잡기 위해 〈독사신론〉이라는 논설을 연재했어요. 또한 《을지문덕전》, 《이순신전》 등 외적으로부터 나라를 지켰던 위인들의 이야기를 써서 발표했지요.

신채호는 독립운동에 더욱 적극적으로 참여하기 위해 신민회에 가입했어요. 1919년에는 중국 상하이로 가서 대한민국 임시 정부 수립에 참여했습니다. 그는 중국, 만주, 연해주를 오가는 힘든 망명 생활 속에서도 우리나라 역사 연구에 온 힘을 쏟았어요.

그러던 중 1922년 말, **김원봉**이 신채호를 찾아왔어요. 의열단의 투쟁 선언문을 부탁하기 위해서였지요. 신채호는 상하이에 있던 의열단 본부에서 한 달 정도 머물며 〈조선 혁명 선언〉을 완성했어요. 선언문 내용에 감동한 의열단 대원들은 더욱 힘을 내서 독립운동을 할 수 있었답니다.

● 독사신론

김성수

의열 투쟁으로 친일파와 밀정을 처단하다

1900년 7월 13일 ~ 1969년 4월 5일

김성수는 경상남도 밀양에서 태어났어요. 그는 보통학교(지금의 초등학교)를 졸업하고 스물한 살에 평양 숭실 실업 학교에 입학했어요. 하지만 학교에 다니면서 일본인 교사를 배척하고 동맹 휴학을 주도해 퇴학을 당하고 말았지요. 이후 그는 일본으로 건너갔고, 1923년 다시 밀양으로 돌아왔어요.

의열 단원이 되어 적극적으로 의열 투쟁을 벌이다

1926년 김성수는 중국으로 망명했어요. 그는 상하이에서 **김원봉**을 만나 의열단에 가입했고 황푸 군관 학교에 입학하여 군사 교육을 받았어요. 1931년에는 상하이에서 류자명 등과 함께 남화 한인 청년 연맹에 가입하여 친일파와 밀정을 처단하는 등 적극적인 의열 활동을 펼쳤습니다.

김성수는 **백정기**, 이강훈 등이 상하이에서 주중 일본 공사 아리요시 아키라를 암살하려고 계획한 '육삼정 의거'에 참여했어요. 하지만 의거가 실패로 돌아가면서 그는 일본 경찰의 추격을 받게 되었지요. 결국 김성수는 경찰에 체포되어 옥고를 겪다가 1945년 8월, 광복을 맞아 출옥했습니다.

● 황푸 군관 학교

1910년 일본에 의해 나라를 빼앗긴 해, 백정기는 열다섯 살이었어요. 어린 나이였지만 그는 이때부터 나라를 구하겠다는 강한 마음을 품었습니다.

1919년 전국적으로 3·1 운동이 일어나자 백정기는 동지들을 모아 마을을 돌아다니며 함께 봉기할 것을 외쳤어요. 그리고 그는 전국 각지를 떠돌며 독립운동 자금을 모집하는 활동을 했지요. 하지만 일본의 감시와 핍박이 심해지면서 점차 국내에서는 항일 활동이 어려워졌어요.

백정기는 본격적인 투쟁을 결심하며 중국 베이징으로 망명했어요. 1931년에는 남화 한인 청년 연맹의 무장 투쟁 단체인 '흑색 공포단'을 조직하여 일본 기관을 파괴하고, 친일파를 처단했지요.

육삼정 의거를 계획하다

1933년 3월, 백정기는 상하이에 있는 고급 요리점인 '육삼정'에서 주중 일본 공사 아리요시 아키라가 비밀회의를 가진다는 정보를 입수했어요. 그는 원심창, 이강훈 등과 함께 육삼정 의거를 계획했고 거사가 실패하지 않도록 철저히 준비했어요. 하지만 일본인 밀정의 밀고로 암살 정보가 새어 나가면서 작전은 실패로 돌아갔어요. 결국 백정기는 체포된 후 무기 징역을 선고받고 감옥에서 생을 마감했습니다. 육삼정 의거는 의열 단원들의 황포탄 의거, **윤봉길** 의사의 훙커우 의거와 함께 '상하이 3대 의거'로 꼽혀요.

● 효창 공원에 있는 삼의사 묘
'삼의사'는 일왕에게 폭탄을 던진 이봉창 의사, 일왕 생일 행사에서 폭탄을 던진 윤봉길 의사, 주중 일본 공사를 저격하려던 백정기 의사를 가리킵니다.

박열

22년 2개월의 수감 생활에도 꺾이지 않았던 독립 의지
1902년 2월 3일 ~ 1974년 1월 17일

"재판장, 수고했네. 내 육체야 자네들 맘대로 죽일 수 있지만,
내 정신이야 어찌하겠는가."

사형을 선고받고 박열이 일본 재판관에게 전한 말

박열의 본명은 박준식이었어요. 그가 여덟 살이었을 때 어느 날, 그는 가족들을 불러 모으고 앞으로 자신의 이름을 '열'이라고 불러 달라고 선언했어요. '열(烈)'은 '강하다', '세차다'라는 뜻을 가지고 있어요. 그 이후로 호적상 이름인 박준식이 아닌 '박열'로 불리게 되었지요.

평생의 연인, 가네코 후미코를 만나다

1919년 3·1 운동에 참여한 박열은 일본의 탄압 아래 더 이상 국내에서 독립운동을 펼치기 힘들 것으로 판단했어요. 그리하여 일본으로 건너가 신문 배달부, 인력거꾼 등 갖은 노동에 종사했습니다. 그러던 중 박열은 일본 여성인 가네코 후미코와 운명적인 만남을 가지게 되었어요. 가네코 후미코는 우연히 박열의 자작시를 읽고 감동을 받아 그를 좋아하게 되었고, 둘은 평생을 함께할 연인이 되었지요.

자신의 목숨이 걸린 재판을 앞두고 4가지 조건을 내걸다

박열은 일본 내 독립운동 단체인 '불령사'를 조직해 파업 투쟁을 후원하고 적극적인 의열 투쟁을 펼쳤어요. 이 무렵 간토 대지진으로 일본 경찰은 조선인에 대한 감시를 강화했어요. 급기야 박열과 가네코 후미코를 비롯한 불령사 회원들을 불시에 긴급 체포했지요. 그는 20개월에 걸친 기나긴 심문 조사에도 당당했어요. 자신의 목숨이 걸린 재판을 앞두고 '죄인 취급을 하지 말 것', '일본인과 조선인의 동등한 좌석을 설치할 것', '조선 관복을 입을 것', '조선어를 사용할 것'이라는 네 가지 조건을 요구했지요.

스물한 살의 나이로 투옥된 박열은 1945년, 마흔네 살의 중년이 되어 석방되었어요. 광복 이후에는 **김구**의 부탁으로 **윤봉길**, **이봉창**, **백정기** 의사의 유해를 발굴해 고국으로 송환했습니다.

김상옥은 종로구 효제동에서 태어났어요. 어렸을 때 아버지를 여의고 집안 형편이 어려워지자 열네 살 때부터 대장간에서 일하면서 밤에는 야간 학교를 다녔지요. 나중에는 김상옥은 직접 동흥 야학을 만들어 자신과 비슷한 처지의 청소년들에게 배움의 기회를 주면서 자신도 함께 공부했어요.

청년이 된 김상옥은 동대문 교회 근처에서 기독교 서점을 운영했어요. 폐업 후에는 동대문 앞 창신동에 영덕 철물점

● 김상옥

을 열었지요. 김상옥은 일본의 경제 침탈에 맞서기 위해서는 일본 상품과 겨룰 수 있는 상품이 필요하다고 생각했어요. 그는 철물점 2층에 따로 공장을 세우고 노동자를 모집해 기술을 가르쳤습니다.

영덕 철물점을 운영해 큰 성공을 거두다

김상옥이 세운 영덕 철물점은 말발굽과 말총 모자, 장갑, 양말, 수건 등을 만들고 보급했어요. 영덕 철물점의 물건은 일본 물건보다 질이 좋고 저렴해 많은 사람이 구매했어요. 김상옥은 경제적으로 큰 성공을 거두었지요.

그럼에도 김상옥은 본인의 이익만 생각하지 않았어요. 노동자들의 권리를 보호하기 위해 노력하고, 문맹 노동자에게는 야학을 권하기도 했어요. 그리고 뜻이 맞는 노동자들과 비밀 결사를 조직해 몰래 태극기를 게양하는 등 항일 운동을 펼쳤습니다.

3·1 운동에 참여해 일본 헌병을 무찌르다

1919년 3·1 운동이 일어났어요. 김상옥은 철물점 문을 닫고 노동자들에게 직접 제작한 태극기를 주면서 말했어요.

"모두 이 태극기를 품속에 숨겨 지금 당장 탑골 공원으로 가거라."

김상옥은 노동자들과 함께 만세 시위에 참여했지요. 바로 그때 그는 일본 헌병이 장검을 치켜들고 여학생을 위협하는 것을 목격했어요. 김상옥은 버럭 소리를 지르며 헌병을 향해 몸을 날렸고, 장검을 든 헌병의 팔을 뒤에서 낚아채 오른발로 등짝을 걷어찼지요. 무사히 여학생을 구한 그는 일본 헌병으로부터 장검과 단검을 빼앗았어요.

김상옥은 본격적인 독립운동에 나서기 위해 중국 상하이로 갔어요. 1922년에는 **김구**, **이시영**, **이동휘** 같은 대한민국 임시 정부 요인들과 의논하여 국내에서 의열 투쟁을 일으키기로 계획했어요. 의열단으로부터 권총과 폭탄을 지원받고, 조선 총독부와 조선은행 같은 주요 관공서와 일본 총독 및 고위 관리를 공격하기로 했지요. 그렇게 김상옥은 상하이에서 권총과 폭탄 등을 가지고 국내로 잠입했어요.

● 김상옥이 일본 헌병에게 빼앗은 장검

● 김상옥이 종로 경찰서에 폭탄을 투척한 후 남은 폭탄

독립운동가를 모질게 탄압하던 종로 경찰서에 폭탄을 던지다!

1923년 1월 12일, 김상옥은 종로 경찰서에 폭탄을 던졌어요. 종로 경찰서 인근은 아수라장이 되었고, 일본 경찰은 김상옥을 잡으려 혈안이 되었어요. 일본 경찰이 약 10여 일 은신하던 그를 찾아냈지만 허탕치고 말았습니다. 김상옥을 체포하기 위해 일본 경찰 약 1,000여 명이 동원되었어요. 효제동 일대가 일본 경찰들로 완전히 포위되었지요.

이때 사라졌던 김상옥이 양손에 권총을 쥐고 다시 나타났어요. 그는 가옥 지붕을 넘나들며 약 3시간 동안 치열한 추격전을 벌였고, 일본 경찰 16명을 처단했어요. 김상옥은 마지막으로 한 발의 탄환이 남자 "대한 독립 만세!"를 외치며 자결했습니다. 그의 가족들이 시신을 거둘 때 김상옥의 몸에는 11발의 총상이 남아 있었다고 해요. 김상옥은 온몸을 바쳐 일본에 저항하여 독립운동사에 큰 발자취를 남겼습니다.

일제 강점기 때 종로 경찰서는 어떤 곳이었을까요?

일제 강점기 시절, 종로 경찰서는 독립운동가들을 잡아 고문하던 악명 높은 경찰서였어요. 특히 종로 경찰서 고등계는 독립운동 탄압 전담 부서가 있을 정도였지요. 김상옥이 종로 경찰서에 폭탄을 투척한 것은 일본의 심장에 폭탄을 던진 것이나 다름없었어요.

● 일제 강점기 당시 종로 경찰서

김익상

비행사를 꿈꾸었던 청년,
조선 총독부에 폭탄을 던지다
1895년 ~ 1941년 8월

"이후로 제2의 김익상, 제3의 김익상이 뒤를 이어 나타나
일본 대관 암살을 계획해 조선 독립을 이루기까지 그치지 아니할 거다."

김익상은 어렸을 때부터 비행사를 꿈꾸었어요. 3·1 운동 이후에는 비행 학교에 들어가기 위해 중국 광저우로 향했지요. 하지만 당시 중국 내전으로 비행 학교가 임시 폐교하자 그는 베이징으로 건너갔어요. 그곳에서 **김창숙**의 소개로 의열단 단장 **김원봉**을 만나 의열단에 가입했지요.

식민 통치의 심장부, 조선 총독부에 폭탄을 던지다

1921년 김익상은 조선 총독부를 폭파하고 총독 사이토 마코토를 암살할 계획을 세웠어요. 그는 일본의 감시를 피하기 위해 일본인 전기 수리공 차림으로 변장하고, 권총과 폭탄을 숨긴 채 서울에 잠입했지요. 조선 총독부 청사에 도착한 김익상은 곧바로 2층으로 올라가 조선 총독부 비서과에 폭탄을 던졌어요. 이어서 회계과에도 폭탄을 던졌지요. 비서과에 던진 폭탄은 터지지 않았으나 회계과에 던진 폭탄은 폭발했어요.

김익상은 김원봉을 만나 다음 계획을 논의했어요. 그들은 일본 육군 대장 다나카 기이치가 상하이로 온다는 소식을 듣고 다나카를 처단하기로 결정했어요.

거사 당일, 상하이 황포탄 세관 부두에 다나카 기이치가 도착했어요. 김익상은 권총으로 두 발의 총알을 그에게 발사했어요. 하지만 총알은 다나카를 빗나갔고 김익상은 재빨리 폭탄을 꺼내 던졌지만 폭발하지 않았어요. 결국 김익상은 현장에서 체포된 후 사형 선고를 받았지만, 재판장에서도 떳떳하고 곧은 자세를 유지하며 "대한 독립 만세"를 삼창했습니다.

● 조선 총독부 청사

강우규

백발의 최고령 독립운동가,
조선 총독을 향해 폭탄을 던지다
1855년 7월 14일 ~ 1920년 11월 29일

"몸은 있으나 나라가 없으니 어찌 감상이 없겠는가.
단두대에 앉으니 오히려 봄바람이 불어온다."

1910년 국권을 강제로 빼앗기자 이에 분노한 강우규는 독립운동에 뛰어들 결심을 했어요. 그는 만주와 연해주 일대에서 활동하며 박은식, **이동휘**, **계봉우** 등을 만나 독립운동 방법을 궁리했지요. 또한 만주에서 신흥동이라는 한인 마을을 만들고, 광동 학교를 세워 학생들에게 민족 교육을 실시했습니다.

3·1 운동 이후 조선 총독으로 사이토 마코토가 새롭게 임명되었어요. 강우규는 만세 운동만으로는 독립을 이루어 낼 수 없다고 생각하고 노인 동맹단에 가입했어요. 노인들로 결성된 노인 동맹단은 청년 독립투사들을 지원하는 단체였어요. 강우규는 독립에 좀 더 직접적인 행동을 하기 위해 예순다섯 살의 나이로 사이토 마코토 총독을 암살하기 위한 계획을 철저히 준비했어요. 사이토 총독의 얼굴을 익히기 위해 신문에 나온 총독의 사진을 오려서 가지고 다녔고, 거사 장소인 남대문역(지금의 서울역)의 지리를 잘 살폈어요.

백발의 독립투사 조선 총독을 향해 폭탄을 던지다!

마침내 거사 당일, 강우규는 폭탄을 명주 수건에 싸서 허리에 단단히 붙잡아 맸어요. 사이토 일행이 환영 행사를 마친 후 관저로 떠날 때였어요. 강우규가 사이토의 마차를 향해 폭탄을 힘껏 던졌지요! 하지만 폭탄은 불발되었어요. 사이토 마코토는 군복과 혁대 세 곳에 구멍이 뚫렸을 뿐이었어요. 비록 성공하지 못했지만 강우규의 의열 투쟁은 이후 **김원봉**의 의열단과 **김구**의 한인 애국단 등에 영향을 주었습니다.

● 서울역 광장에 있는 강우규 의사 동상

조명하

독을 묻힌 단검으로 일본 육군 대장을 처단하다
1905년 4월 4일 ~ 1928년 10월 10일

"나는 삼한(三韓)의 원수를 갚았노라. 아무 할 말은 없다.
오늘 이 순간을 나는 이미 오래전부터 각오하고 있었다. 단지 조국의 광복을 보지 못한 채
죽는 것이 한스러울 뿐이다. 저세상에 가서도 독립운동을 계속하리라."

조명하는 을사조약이 강제 체결되었던 1905년 황해도에서 태어났어요. 그는 어릴 때 아버지로부터 한문을 배우고 한학을 공부했지요. 또한 **김구**, **노백린** 등 황해도 출신 민족 지도자들의 무용담을 들으며 항일 정신을 키웠습니다.

성인이 된 그는 군청에서 서기로 일하다 일본으로 유학을 떠났어요. 낮에는 공장에서 일하고 밤에는 상공 전문학교에서 공부를 했지요. 그러면서 언젠가는 독립운동에 나서겠다는 다짐을 했어요. 드디어 그는 본격적으로 독립운동을 하기 위해 대한민국 임시 정부가 있는 중국 상하이에 가기로 결심했어요.

조명하는 상하이로 가기 전 타이완에 머물렀어요. 그러던 중 당시 일본 천왕 히로히토의 장인이자 육군 대장인 구니노미야 구니히코가 타이완을 방문한다는 소식을 접했지요. 그는 이곳에서 구니노미야를 처단하기로 결심합니다.

타국에서 일본 육군 대장을 처단하다

마침내 거사 당일, 조명하는 단검의 칼날에 독극물을 바른 후 이를 가슴에 품고 집을 나섰어요. 인파 속에서 구니노미야를 태운 자동차가 모습을 드러냈고, 좌회전을 하려는 순간 조명하가 자동차 뒤쪽에 올라탔어요. 그리고 구니노미야를 향해 단검을 던졌어요. 단검은 구니노미야의 목을 스쳐 가벼운 상처를 입혔고 조명하는 현장에서 일본 경찰에게 붙잡혔어요. 조명하는 끌려가면서도 "대한 독립 만세"를 계속해서 외쳤지요.

한편 조명하의 공격을 받은 구니노미야는 몸에 독이 퍼져 6개월 뒤 목숨을 잃었어요. 일본에 저항한 수많은 의거가 있었지만, 조명하의 의거는 유일하게 일본 왕실의 주요 인사를 직접 처단했다는 데 의의가 있습니다.

김란사는 청나라를 오가며 무역 활동을 했던 아버지 덕분에 부유한 어린 시절을 보냈어요. 스물한 살이 된 그녀는 하상기를 만나 결혼했고, 늦은 나이지만 이화 학당에 입학하기로 결심했지요.

나라의 앞날을 위해 학문을 배우겠다는 강한 의지

당시 이화 학당은 유일한 여성 근대 교육 기관이었어요. 하지만 김란사는 결혼을 한 여성인 데다 또래보다 나이가 많아 입학이 번번이 거절되었지요. 이에 김란사는 직접 교장을 찾아가 말했어요.

"어머니가 교육을 받아야 자식을 잘 가르치고 인도할 수 있습니다. 나는 조선의 앞날을 위해서 배우고 싶습니다."

배움에 대한 강한 의지를 가진 김란사는 마침내 이화 학당 학생이 될 수 있었어요. 이후 김란사는 우리나라 여성으로는 처음으로 일본 유학 생활을 했고, 귀국 후 미국으로도 유학을 떠났어요. 미국에서 돌아온 후에는 이화 학당에서 교사로 재직했지요. 또한 이화 학당 학생들의 자치 단체인 '이문회'를 지도하면서 학생들에게 우리 민족의 현실과 세계정세에 관해 알려주었어요. 당시 **유관순**도 이문회 소속으로 김란사의 가르침을 받았습니다.

1916년 김란사는 미국에서 열린 세계 감리회 총회에 참석하면서 미주 지역 순회 강연을 했어요. 이때 모금한 돈으로 정동 제일 교회에 최초로 파이프 오르간을 설치했지요. 1919년에는 고종으로부터 중요 임무를 받고 중국 베이징으로 갔어요. 하지만 그곳에서 동포들이 마련한 만찬을 가진 후, 김란사는 갑자기 탈이 나 세상을 떠나고 말았어요. 남편 하상기는 김란사의 의심스러운 죽음을 밝히려다 일본 경찰에 붙잡혔고, 감옥에서 병을 얻어 목숨을 잃었습니다.

유관순

열여덟 살 소녀, 나라를 구하기 위해
거리로 나가 "대한 독립 만세"를 외치다
1902년 12월 16일 ~ 1920년 9월 28일
"나라에 바칠 목숨이 오직 하나밖에 없는 것이
이 소녀의 유일한 슬픔입니다."

유관순은 충청남도 천안에서 태어났어요. 그녀의 아버지는 전 재산을 바쳐 학교를 설립해 계몽 운동을 적극적으로 펼쳤고, 어머니 또한 신학문에 관심이 많았어요. 이러한 부모님의 영향을 받아 유관순은 보수적인 조선 사회와는 다른 서구식 사상과 가치관을 확립할 수 있었지요.

대장이 되고 싶었던 명랑 소녀

유관순은 활발하고 명랑한 성격에 다정한 성품을 지닌 아이였어요. 어릴 적부터 마을 아이들 사이에서 대장 노릇을 하고 싶어 했지요. 대장은 남자들이나 하는 거라고 주위에서 말하면 "여자는 대장이 되지 못한다는 법이 어디 있습니까."라고 말하며 대장이 되겠다고 했지요.

1910년 강제로 맺어진 한일 병합 조약으로 대한 제국은 일본의 식민지가 되었어요. 이 무렵 유관순은 공주에 있는 영명 여학교에 다니다가 선교사 **앨리스 해먼드 샤프**의 추천으로 서울 이화 학당에 입학했지요. 그녀는 이화 학당에서 친구들과 우애를 쌓고 근대 교육을 받으며 꿈을 키웠습니다.

친구들과 독립 선언식이 열리는 탑골 공원으로!

나라에서는 1919년 3월 3일을 고종 황제의 장례식으로 정했어요. 고종 황제의 장례식을 보기 위해 전국 각지에서 사람들이 서울로 모일 예정이었지요. 그래서 종교 지도자들은 고종 황제의 장례식 이틀 전인 3월 1일에 우리나라의 독립 의지를 알리기 위한 독립 선언식을 열기로 계획했어요. 유관순도 이화 학당 친구들과 모임을 만들어 거리로 들고 나갈 태극기를 만들었지요.

그러나 3월 1일이 되자, 이화 학당 교장은 교문을 걸어 잠갔어요. 학생들의 안전을 위해 독립 선언식에 참석하지 못하도록 한 것이지요. 유관순과 친구들은 아랑곳하지 않고 학교 뒷담을 넘어 거리로 나섰어요. 유관순은 목청껏 "대한 독립 만세!"를 외치며 만세 시위에 참여했습니다.

이어 3월 5일에는 최대 시위인 남대문 만세 운동에도 참여했어요. 점점 많은 학생이 시위에 참여하자 조선 총독부는 휴교령을 내렸고, 유관순은 고향인 천안으로 내려가 만세 운동을 하기로 결심했지요.

아우내 장터에서 만세 운동을 이끌다

고향으로 돌아온 유관순은 마을 사람들과 함께 만세 운동을 준비했어요. 4월 1일 아우내 장날, 유관순은 밤새 만든 태극기를 사람들에게 나누어 주었어요. 시위대의 맨 앞에는 유관순의 아버지가 서 있었지요. 유관순과 마을 사람들은 대한 독립 만세를 외치며 행진했어요. 그런데 일본 헌병들이 사람들을 막아서더니 무자비하게 총을 쏘아 대고 칼을 휘둘렀지요. 이때 유관순의 부모님도 일본 헌병의 칼에 맞아 목숨을 잃고 말았습니다. 유관순을

● 이화 학당을 다니던 시절 유관순(뒷줄 맨 오른쪽)

비롯해 그 자리에 있던 모든 사람이 일본 헌병에게 붙잡혀 옥에 갇혔어요.

유관순은 재판을 받는 동안에도 당당함을 잃지 않았어요. 오히려 "나는 대한 사람이다. 제 나라 독립을 위해 만세를 부른 것이 왜 죄가 되느냐. 제 나라를 되찾으려고 옳은 일을 했는데 어째서 무기를 사용하여 내 민족을 죽이느냐."라고 말하며 맞섰습니다.

일제의 잔혹한 고문에도 굴하지 않고 옥중 투쟁을 주도하다

서대문 형무소에 수감된 유관순은 좁은 독방에서 지내면서 모진 고문을 받았어요. 하지만 그녀는 수시로 만세를 외쳤어요. 시간이 지나 3·1 운동이 일어난 지 1년이 되던 1920년 3월 1일, 유관순은 옥중 만세 시위를 주도했어요. 그녀가 갇힌 여옥사 8호 감방에서부터 터져 나온 만세 소리에 약 3,000여 명이 넘는 수감자들이 호응하며 함께 만세를 외쳤지요.

1920년 가을, 자신의 신념을 꿋꿋하게 지켰던 유관순은 고문 후유증과 영양실조로 열여덟 살의 나이로 순국했습니다.

● 죄수복을 입고 복역 중인 유관순

왜 유관순은 '열사', 안중근은 '의사'라고 할까요?

열사와 의사 모두 우리나라의 독립을 위해 투쟁하다 돌아가신 '순국 선열'을 뜻합니다. 맨몸으로 저항하다 의롭게 죽은 사람은 '열사'라고 해요. 그리고 총과 칼 같은 무기를 이용해 항거하여 의롭게 죽은 사람은 '의사'라고 하지요.

어린 시절 주시경은 서당에서 한학을 배우면서 처음부터 우리말로 하면 바로 알아들을 수 있는데 왜 어려운 한문을 사용해야 하는지 회의감을 느꼈어요. 한자가 아니라 한글로 읽고 적으면 사람들이 쉽게 글을 배우고, 새로운 지식을 빨리 얻을 수 있을 거라고 생각했지요. 이때부터 주시경은 한글을 연구하기로 결심했습니다.

1894년 그는 배재 학당에 입학해 신학문을 배우며 국어 연구에 몰두했어요. 이 무렵 서재필을 만나 〈독립신문〉의 국문판 편집과 제작을 맡게 되었지요. 주시경은 신문사 안에 우리나라 최초의 국문 연구 단체인 국문 동식회를 조직했습니다.

이후 그는 독립 협회를 비롯한 여러 단체에서 활동하며 애국 계몽 운동에 나섰어요. 주로 단체의 기관지 편집을 맡으며 한글 연구에도 힘썼지요. 또한 서울 곳곳의 학교에 다니면서 학생들에게 한글을 가르쳤어요.

밤낮없이 한글 연구에 매달려 책을 펴내다

주시경은 1906년 《대한 국어 문법》이라는 책을 펴냈어요. 이 책은 글자꼴과 맞춤법의 본보기 규정 및 음운 이치를 밝힌 국어 해설서예요. 학생들을 가르치던 교재를 모아 펴낸 것이지요. 또한 어린이를 위한 한글 교육서인 《국문 초학》, 한글 맞춤법 통일안의 기초가 된 《국어 문법》 등 여러 권의 책을 발간했어요. 그리고 제자들과 함께 국어 연구 학회를 조직해 국어 연구를 통한 국권 회복을 다짐했지요. 이것은 훗날 조선어 학회를 통한 활동으로 이어졌습니다.

이후 주시경은 우리나라 최초의 국어사전인 《말모이》 편찬 작업을 시작했지만, 건강 악화로 끝내 완성하지 못한 채 세상을 떠났습니다.

어린 시절 한용운은 동학 농민 운동과 의병 투쟁을 경험하면서 항일 정신을 키웠어요. 승려가 된 한용운은 부패가 만연하던 기존 불교를 비판하고, 개혁을 주장하는 《조선 불교 유신론》을 펴냈습니다.

1910년 일본에 의해 나라를 빼앗기자 한용운은 크게 분노했어요. 그리고 불교계 대표로서 적극적으로 3·1 운동을 계획했지요. 한용운은 최남선이 만든 독립 선언서와 기타 문서의 초고를 검토했어요. 처음에는 독립 선언서를 '독립 간청서' 또는 '독립 청원서'로 불렀어요. 이에 대해 한용운은 "우리는 독립을 구걸하는 것이 아니므로 '독립 선언서'로 칭하는 게 맞다."라고 했지요.

● 태화관

3·1 운동의 중심이 된 종교 지도자

마침내 1919년 3월 1일, 종로 태화관에서 한용운을 비롯한 민족 대표 33인이 모였어요. 이들은 독립 선언서를 돌려보는 것으로 낭독을 대신하였고, 한용운은 만세를 선창했지요. 하지만 얼마 안 가 일본 경찰이 태화관에 들이닥쳤어요. 그는 민족 대표들과 함께 붙잡혀 수감되었지만, 감옥에서도 당당하고 의연한 태도를 잃지 않았어요.

한용운은 저항 시인 중 한 사람이기도 해요. 저항 시인이란 일제 강점기에 일본 제국주의를 비판하는 시를 쓰던 시인을 말해요. 그는 한평생 독립 운동을 펼치면서 300여 편에 달하는 작품을 남겼어요. 그중에서도 1926년 발표한 시 〈님의 침묵〉은 독립을 향한 그의 굳은 의지와 다짐을 느낄 수 있는 작품입니다.

이육사

**수감 번호 264,
시를 써서 독립에 대한 굳은 의지를 노래하다**

1904년 4월 4일 ~ 1944년 1월 16일

"다시 천고의 뒤에 백마 타고 오는 초인이 있어
이 광야에서 목놓아 부르게 하리라."

이육사의 이름은 원래 이원록이었으나 나중에 이활이라는 필명을 사용했어요. '이육사'라는 이름은 감옥에서 수감 생활을 할 때 부여받은 수감 번호 '264'에서 유래했지요.

1925년 그는 형 이원기, 동생 이원유와 함께 의열단에 가입했어요. 의열단 단원이 되어 식민 통치 기관과 일본 경찰 및 군인, 친일파를 처단하고자 했지요. 이육사는 중국에 드나들며 국내 정세를 보고하고 군자금을 전달하는 임무를 맡았습니다.

수감 번호 '264' 새로운 이름이 되다

1927년 조선은행 대구 지점에서 폭파 사건이 일어났어요. 일본 경찰은 범인을 잡는다는 구실로 이육사와 그 형제들을 잡아들였어요. 이육사는 2년 동안 옥살이를 하면서 심한 고문을 받아야 했지요. 이때 그는 수감 번호였던 '264'를 자신의 새로운 이름으로 정했습니다.

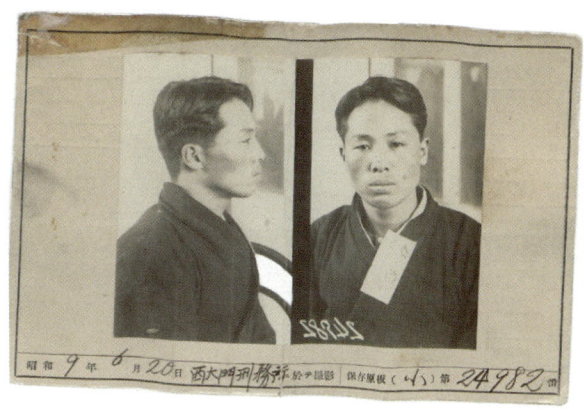
● 이육사의 일제 감시 대상 인물카드

그 뒤로도 이육사는 광주 학생 항일 운동과 대구 격문 사건 등에 연루되어 17차례에 걸친 감옥살이를 했어요.

그리고 글을 통해 일본에 대한 저항 정신을 깨우고자 다양한 문학 활동을 펼쳤지요. 이육사는 일본에 맞서 저항적인 성격의 글과 시를 썼어요. 이는 무장 투쟁과는 방법이 다른 독립운동이라고 할 수 있어요. 그의 대표적인 작품으로는 〈광야〉와 〈절정〉이라는 제목의 시가 있습니다.

윤동주

나라를 잃은 어둠의 시대,
'시대처럼 올 아침'을 기다렸던 민족 시인
1917년 12월 30일 ~ 1945년 2월 16일
"죽는 날까지 하늘을 우러러 한 점 부끄럼이 없기를
잎새에 이는 바람에도 나는 괴로워했다."

윤동주는 만주 북간도 명동촌에서 7남매 중 장남으로 태어났어요. 어린 시절 윤동주의 단짝 친구는 고종사촌 **송몽규**였어요. 둘은 붙어 다니며 어린이를 위한 잡지인 《어린이》와 《아이 생활》을 즐겨 읽었지요.

윤동주는 의사가 되기를 바랐던 집안의 뜻과는 달리 연희 전문학교(지금의 연세 대학교) 문과에 입학했어요. 이때 수많은 시와 수필을 창작하였고, 여러 강의를 들으며 일본에 대한 저항 의식을 키웠지요.

그는 4학년 졸업반이 되면서 그간 쓴 시들을 모아 시집 《하늘과 바람과 별과 시》를 엮었어요. 하지만 일본의 검열로 출판은 보류되었고 윤동주는 졸업 후 일본으로 유학을 떠났어요.

윤동주는 일본 교토의 도시샤 대학에 다니던 중, 송몽규와 함께 독립운동을 논의했다는 죄명으로 일본 경찰에 체포되었어요. 그는 1년 7개월 동안 옥고를 겪다 스물아홉 살의 나이로 세상을 떠나고 말았습니다.

● 《하늘과 바람과 별과 시》

조국의 독립을 향한 열망과 의지를 시를 통해 노래하다

연희 전문학교 후배인 정병욱은 윤동주에게 《하늘과 바람과 별과 시》를 선물받았어요. 그는 이것을 잘 간직했다가 광복 후 윤동주의 시를 세상에 알렸지요. 그렇게 윤동주라는 이름과 그의 삶이 세상에 알려지게 된 거예요.

《하늘과 바람과 별과 시》에는 〈서시〉, 〈자화상〉, 〈별 헤는 밤〉, 〈쉽게 쓰여진 시〉 등 24편의 시가 수록되어 있어요. 윤동주는 일제 강점기라는 암울한 현실 속에서도 조국 광복을 향한 열망과 의지를 노래했지요. 그래서 **한용운**, **이육사**와 함께 대표적인 저항 시인으로 꼽힌답니다.

송몽규는 **윤동주**와 고종사촌이었어요. 두 사람은 만주에 있는 한 집에서 태어나고 자랐어요. 나중에는 함께 명동 소학교에 입학했고 **김약연** 선생의 가르침 아래에서 항일 교육을 받았지요. 그러던 중 1935년, 송몽규는 독립운동에 본격적으로 참여하기 위해 만주에서 중국 내륙으로 건너갔어요. 그곳에서 **김구**가 설립한 학생 훈련소에 입학했습니다.

● 일본 유학 시절 송몽규(앞줄 가운데)

문학을 통한 민족 계몽 운동에 앞장서다

하지만 일본의 감시와 내부 혼란으로 학생 훈련소가 해산되자, 송몽규는 문학을 통한 민족 계몽 운동을 펼치기로 결심했어요. 그는 우리 문학을 깊이 연구하기 위해 연희 전문학교 문과에 입학했어요. 그리고 학회지인 《문우》의 편집을 맡았지요. 당시 일본의 조선어 사용 금지 정책에도 불구하고 송몽규는 한글로 된 시를 학회지에 수록하기도 했어요.

그는 연희 전문학교를 졸업한 후 일본으로 유학을 떠났어요. 교토 제국 대학에 입학한 송몽규는 한국 유학생 모임에서 윤동주, 고희욱, 백인준 등과 함께 독립운동과 우리 민족의 미래에 대해 토론했지요.

이 일을 계기로 일본 경찰은 '재교토 조선인 학생 민족주의 그룹 사건'의 주동자로 송몽규와 윤동주를 체포했어요. 송몽규는 치안 유지법 위반으로 징역 2년형을 선고받았고, 윤동주와 함께 후쿠오카 형무소에 수감되었어요. 1945년 3월 7일, 송몽규는 끝내 독립된 조국을 보지 못하고 옥중에서 순국했습니다.

오동진은 평안북도 의주군에서 태어났어요. 어릴 때부터 성격이 온화하고 정의심이 강하여 약한 자를 도왔다고 해요.

열여덟 살이 된 그는 평양으로 이동하여 **안창호**가 세운 대성 학교에 입학했어요. 학교에 다니는 동안 교육의 중요성을 깨달은 오동진은 졸업 후에 고향으로 돌아와 일신 학교를 세웠어요. 그는 학생들에게 민족 교육을 하며 항일 의식을 심어 주었지요.

군중을 이끌고 "대한 독립 만세"를 외치며 일제에 대항하다

1919년 3·1 운동이 일어나자 오동진은 의주에서 만세 시위를 벌였어요. 일본 경찰이 사람들을 체포하고 탄압하기 시작하자 그는 가족을 이끌고 중국으로 망명했어요. 평화적인 시위만으로는 독립을 얻을 수 없다고 생각해 무장 투쟁을 결심한 것이었지요. 오동진은 만주 관전현에서 동지들과 함께 비밀 단체인 '광제 청년단'을 조직했습니다.

광복군 총영의 총영장이 되어 무장 투쟁을 전개하다

1920년 오동진은 '광복군 총영'이라는 독립군 부대의 총영장이 되어 본격적인 무장 투쟁을 준비했어요. 광복군 총영은 광복군 사령부가 개편된 것으로 대한민국 임시 정부 직속 만주 지역의 무장 투쟁 단체를 통합한 군사 기관이었지요. 오동진은 자신의 재산으로 무기를 구입하고 광복군 총영 활동을 지휘했어요.

1920년 8월, 광복군 총영은 미국 의원단이 서울에 온다는 정보를 입수했어요. 대한민국 임시 정부는 우리 민족이 일본의 식민 통치에 굴하지 않고 여전히 투쟁하고 있음을 보여 주면, 국제 여론이 유리하게 작용해 독립을 앞당길 수 있을 것으로 생각했지요. 그래서 국내에 있는 일제의 중요 기관을 파괴하고, 일본 관리 등을 처단하기로 계획했어요. 이 임무를 수행한 단체가 바로 광복군 총영이었지요.

광복군 총영 폭탄대, 일본의 간담을 서늘하게 하다

광복군 총영은 여성 두 명을 포함해 10명으로 구성된 폭탄대를 신의주, 선천, 평양, 서울에 나누어 파견했어요. 정인복 일행은 신의주역 부근 건물에 폭탄을 투척해 일부를 파괴했고, 임용일, 이학필 등은 선천 군청과 경찰서에 폭탄을 던졌어요. 안경신, 장덕진, **문일민** 등이 속한 일행은 평안남도 도청과 경찰서 건물에 폭탄을 던져 일부 건물을 파괴했습니다.

일본 경찰부는 오동진이 약 1만 4천여 명의 대원들을 지휘해 일본 관공서 습격, 일본 관리 사살, 밀정과 친일파 처단 등 가열차게 무장 투쟁을 진행했다고 기록했어요. 그래서 그를 '백두산 호랑이'라고 부르기도 했지요.

광복군 총영의 활약으로 일본 경찰은 만주 지역 독립운동을 이끄는 주요 인물이 오동진임을 깨닫게 되었어요. 그래서 그를 체포하기 위해 현상금을 걸고 밀정을 이용했지요. 오동진은 결국 밀정의 꾀임에 넘어가 체포되었어요. 그를 따르던 대원들은 오동진을 탈옥시키기 위해 신의주 감옥에 잠입하기도 했습니다.

오동진은 재판 당시 "심판 받아야 할 네놈들이 나를 심판하는 것이냐? 이놈들 이리 내려와서 내 심판을 받아 봐라." 하고 큰 소리로 외치면서 몸을 날려 재판장의 멱살을 잡기도 했어요. 이후 그는 감옥에서 단식 투쟁을 벌였고, 17년 동안 옥중 생활을 하다 순국했습니다.

광복군 총영 폭탄대 조직

신의주 방면	이진무, 정인복
선천 방면	이학필, 임용일, 김응식
평양 방면	문일민, 장덕진, 박태열, 우덕선, 안경신
서울 방면	김영철, 김성택, 김최명

1920년대 만주 항일 무장 독립운동의 3대 맹장

'맹장'이란 '용맹한 장수'를 일컫는 말이에요. 오동진, 김동삼, 김좌진은 1920년대 항일 무장 투쟁의 전설적 인물로 일본을 벌벌 떨게 했습니다. 일본 경찰은 오동진 장군을 체포하기 위해 현상금 10만 원을 내걸 정도였지요. 당시 10만 원은 오늘날 화폐 가치로 약 13억 원에 이르는 거액의 현상금이었어요.

김동삼 장군은 남만주에서 활동한 항일 무장 독립운동의 상징적인 인물이에요. 독립운동 기지를 건설하기 위해 노력하고 독립군 조직의 통합을 위해 일생을 바쳤어요. 김좌진 장군은 북로 군정서의 사령관으로 1920년 10월 21일, 대한민국 독립운동 사상 최대 규모의 승리를 이룬 청산리 전투를 이끌었습니다.

오동진 　 김좌진 　 김동삼

김동삼

**오직 민족의 독립을 위해 일생을 바친
만주벌 호랑이**

1878년 6월 23일 ~ 1937년 4월 13일

"나라 없는 몸 무덤은 있어 무엇 하느냐. 내 죽거든 시신을 불살라 강물에 띄워라.
혼이라도 바다를 떠돌면서 왜적이 망하고 조국이 광복되는 날을 지켜보리라."

김동삼은 경상북도 안동에서 태어났어요. 본명은 김긍식이에요. 김동삼이라는 이름은 만주로 망명한 뒤에 사용한 것이지요.

1907년 그는 민족 지도자들과 함께 경북 지역 최초의 근대식 중등 교육 기관인 협동 학교를 설립하여 민족 교육에 힘썼어요. 또한 신민회 간부들과 비밀리에 만나 국외 독립운동 기지 건설과 독립군 양성 문제에 관해 의논하기도 했습니다.

1910년 대한 제국이 일본의 식민지가 되자 김동삼은 만주로 망명을 떠났어요. 그곳에서 신민회 간부들과 함께 독립운동 단체인 경학사를 조직하고 부설 기관으로 신흥 강습소를 세웠지요.

대한 독립 선언서를 발표하다

1919년 2월, 김동삼을 비롯한 독립운동가 39명은 만주 길림에서 대한 독립 선언서를 발표했어요. 대한 독립 선언서는 조소앙의 주도로 발표된 독립 선언이지요. 이 선언서는 이후 3·1 운동에도 큰 영향을 끼친 것으로 알려져 있어요.

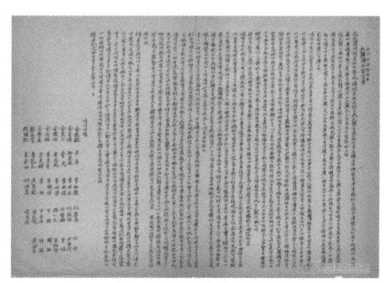

● 대한 독립 선언서 전문

김동삼은 대한민국 임시 정부 관할 군사 기관인 서로 군정서의 참모장으로도 활동했어요. 그는 **지청천**과 함께 부대를 지휘하여 청산리 전투에 참여하였고, 승리를 이끌었습니다. 하지만 밀정의 밀고로 김동삼은 일본 경찰에게 붙잡혔고, 가혹한 옥중 생활 끝에 결국 서대문 형무소에서 순국했습니다. 당시 만주에 있던 그의 가족이 서울에 올 수 없는 상황이 되자 평소 김동삼을 존경했던 **한용운**이 김동삼의 시신을 인수하고 자신의 자택에서 장례를 치렀습니다.

홍범도는 평안남도 평양에서 가난한 농부의 아들로 태어났어요. 홍범도의 어머니는 그가 태어나자마자 일주일 만에 출산 후유증으로 세상을 떠났어요. 아버지 또한 홍범도가 아홉 살이 되던 해 세상을 떠나고 말았지요. 고아가 된 홍범도는 부잣집에서 머슴살이를 하고, 막일꾼으로 여러 일을 전전하며 어린 시절을 보내야 했어요.

산포수들의 대장이 되어 사격술과 검술을 갈고닦다

어느덧 어른이 된 홍범도는 군대에 지원하여 몇 년 동안 평양 지방의 군대에서 근무했어요. 하지만 군 생활은 학대와 부패가 만연했지요. 결국 홍범도는 군대를 떠나 여기 저기서 일꾼 노릇을 했어요.

시간이 흘러 그는 깊은 산 속에서 사냥하는 일을 하는 산포수가 되었어요. 이때 백발백중 사격술과 신묘한 검술을 갈고닦았지요. 또한 동료들을 잘 이끌어 산포수들의 대장으로 임명되기도 했어요.

1907년 일본은 고종을 강제로 퇴위시키고, 대한 제국 군대까지 해산시켰어요. 게다가 총포와 화약류 단속법을 만들어 조선 사람은 아예 무기를 소지할 수 없게 했지요. 그래서 포수들은 생업 수단인 총을 내놓아야 했어요. 홍범도는 '이제 짐승이 아닌 왜놈들을 사냥하겠다.'고 다짐하며 포수와 농민들을 모아 항일 의병을 일으켰습니다.

약 1,000여 명이 넘는 의병을 이끌며 유격전을 벌이다

홍범도가 지휘하는 의병 부대는 함경도와 강원도 북부 산악 지대를 완전히 장악했어요. 그의 의병 부대는 초반에는 70여 명으로 시작했지만 노동자, 해산 군인 등이 합류하면서 약 1,000여 명을 넘어섰어요. 1907년부터 1908년까지 일본군과 37회 전투했고, 친일 단체 회원들을 처단하는 등 맹렬한 활동을 펼쳤지요.

　1910년 대한 제국이 일본의 식민지가 되면서 국내에서 의병 활동이 어려워지자 홍범도는 연해주로 갔습니다. 그곳에서 부대를 정비하고 '대한 독립군'을 조직했어요. 홍범도는 대한 독립군 총사령관이 되어 부대를 이끌고 국내 진격 작전을 수행했지요. 이때 일본군과 3일간 격전을 치르면서 신출귀몰한 전술을 펼쳤습니다.

독립 전쟁 사상 처음으로 일본을 상대로 승리하다!

　1920년 6월 일본군은 당시 독립군의 본거지였던 만주 봉오동을 공격했어요. 홍범도는 그곳 지형을 잘 알고 있었기 때문에 전투에 유리한 지역인 봉오동 계곡 골짜기로 일본군을 유인했어요. 그곳에는 독립군들이 매복하고 있었지요. 마침내 일본군이 진입하자 홍범도가 이끄는 대한 독립군은 여러 독립군 부대와 함께 일본군을 포위한 후 공격했어요. 험준한 산속에서 일본군은 반격을 가하고 싶어도 총알이 어디서 날아오는지 종잡을 수 없었지요. 세 시간 이상 이어진 봉오동 전투는 독립 전쟁 사상 처음으로 독립군에게 승리를 안겨 주었어요.

　봉오동 전투 이후 일본은 대규모 군사를 보내 독립군을 무너뜨리려고 했어요. 홍범도는 **김좌진**이 이끄는 북로 군정서를 비롯해 여러 독립군 부대와 연합하여 만주 청산리 일대에서 일본군과 맞서 싸웠어요. 6일간 계속된 청산리 전투는 독립군의 대승리로 끝맺었지요.

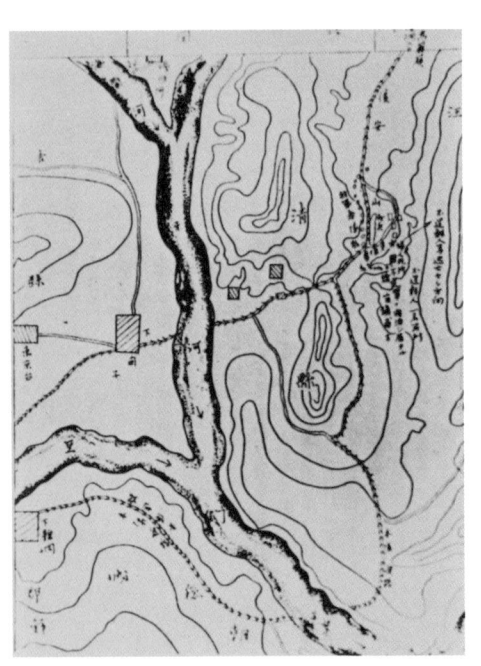
● 봉오동 전투 상황도

자유시 참변을 겪은 후 초라한 말년을 보내다

청산리 전투를 전후하여 일본은 독립군에 대한 복수를 계획했어요. 일본군은 간도에 있는 한인 마을을 불태우고 수천 명의 사람들을 죽였어요. 당연히 간도와 연해주 지역에서 활동하던 독립군들도 근거지를 옮겨야 했지요. 이때 독립군은 강대국인 러시아가 자신들을 지원해 준다면 일본을 상대하기 더 쉬울 거라고 생각해 러시아의 자유시로 모였어요. 하지만 한곳에 집결한 부대를 누가 지휘할 것이냐를 두고 지도자들끼리 다투게 되었어요. 독립군은 두 개의 파로 나뉘었고, 그중 한 파가 러시아와 손을 잡고 의견이 다른 독립군들을 공격했어요. 이 사건이 바로 '자유시 참변'이에요.

자유시 참변 이후 홍범도는 연해주로 이동했어요. 하지만 1937년 당시 소련을 집권하던 스탈린의 강제 이주 정책에 의해 중앙아시아로 떠나게 되었지요. 그렇게 카자흐스탄의 남부 도시 크질오르다에 도착한 홍범도는 한인 극장의 경비를 서거나 표를 팔며 남은 여생을 보냈습니다.

이 노래는 1900년대 초 함경도 주민들이 홍범도 장군을 칭송하며 부르던 민요예요.

〈날으는 홍범도가〉

홍대장이 가는 길에는 일월이 명랑한데,
왜적 군대 가는 길에는 비가 내린다.
에헹야, 에헹야, 에헹야, 에헹야
왜적 군대가 막 쓰러진다.

오연발 탄환에는 군물이 돌고
화승대 구섬에는 내물이 돈다
에헹야, 에헹야, 에헹야, 에헹야
왜적 군대가 막 쓰러진다.

괴택이 원성택 중대장님은
산고개 싸움에서 승리하였소
에헹야 에헹야 에헹야 에헹야
왜적 군대가 막 쓰러진다.

최운산은 나라가 기울어지기 시작하자 무력 투쟁만이 국권을 회복하는 길이라고 생각했어요. 그래서 형 최진동, 동생 최치흥과 함께 중국 군대에 들어가 간부로 일했지요. 당시 최운산에게는 중국 고위 관료직을 맡고 있던 친구가 많았다고 해요. 덕분에 중국이 토지 정리 사업을 할 무렵, 거대한 토지를 헐값에 받을 수 있었지요. 최운산은 그렇게 간도 지역 최고 갑부가 되었습니다.

1910년 일본에 의해 나라를 빼앗기자 최운산 일가는 만주 봉오동으로 건너갔어요. 그리고 모은 재산으로 독립군 기지를 건설했어요. 최운산은 '대한 군무 도독부'라는 독립군을 창설했고, 최진동과 최치흥이 각각 사령관과 참모를 맡았습니다.

자신이 가지고 있던 땅을 팔아
독립군에게 무기와 군자금을 제공하다

1920년에 대한 군무 도독부는 **홍범도**의 대한 독립군, **안무**의 국민 회군과 통합되어 대한 북로 독군부로 창설되었어요. 참모장을 맡은 최운산은 재정과 행정을 책임지며 전투에도 참여했습니다. 또한 자신이 가지고 있던 대부분의 땅을 팔아 부대원들이 무기와 장비를 잘 갖출 수 있도록 토대를 마련해 주었어요. 당시 그가 구입해 조달한 무기는 대포 10여 대, 기관총 수십 정, 수류탄 수천 개, 실탄 수만 발에 달했다고 해요.

이렇듯 최운산은 독립군이 무장할 수 있도록 무기를 보급하는 데 전 재산을 바쳤어요. 독립군에게 일본군을 이길 수 있다는 자신감을 안겨 준 봉오동과 청산리 전투의 승리 뒤에는 최운산이 있었습니다.

북로 군정서의 총재이자 청산리 전투의 영웅
1881년 2월 26일 ~ 1921년 9월 28일

"조국 광복을 위해서 생사를 함께하기로 맹세한 동지를 모두 잃었으니
무슨 면목으로 살아서 조국과 동포를 대하리오.
차라리 이 목숨을 버려 사죄하는 것이 마땅하리라."

서일은 함경북도 경원군에서 태어났어요. 그는 1910년 대한 제국이 일본의 식민지가 되자 만주로 망명했어요. 그곳에서 나철이 만든 민족 종교인 대종교를 믿기 시작했지요. 그리고 대종교를 기반으로 세운 명동 학교에서 교사로 일하며 청년들을 교육했습니다.

대종교의 핵심 인물이 되어 중광단을 조직하다

그는 대종교의 핵심 인물이 되어 항일 무장 투쟁을 목표로 한 '중광단'이라는 단체를 조직했어요. 서일은 중광단 단장으로 활동하면서 중광단을 여러 차례 개편했어요. 이후 중광단은 만주 지역 항일 무장 단체 중 조직적으로 체계가 잘 잡힌 '북로 군정서'로 발전했지요. 서일은 북로 군정서의 총재를 맡았고 **김좌진**을 총사령관으로 영입했어요.

1920년 10월 21일, 북로 군정서는 다른 독립군 부대와 협력하여 만주 청산리 일대에서 일본군과 싸워 큰 승리를 거두었어요. 하지만 청산리 전투 이후 일본은 대규모 부대를 파병하여 만주 지역 독립군을 추격하였어요. 일본군의 공격으로 여러 독립군 부대는 러시아의 자유시로 모였어요. 하지만 자유시 참변이 일어나 많은 동지가 사망하자 서일은 이에 대해 책임을 지고 결국 자결했습니다.

대종교는 어떤 종교일까요?

대종교는 1909년 나철이 만주에서 창시한 종교예요. 우리 민족의 기원 신화이자 뿌리인 단군을 섬기는 종교이지요. 대종교는 일본에 짓눌려 있던 우리 민족을 일깨우고 다시 일어나게 하는 힘이 되었습니다.

● 대종교를 창시한 나철

명문가에서 태어나 부족함 없이 자랐던 김좌진은 세 살 때 아버지를 여의고 어머니 손에서 자랐어요. 그는 대한 제국 무관 학교를 졸업한 후, 고향에 호명 학교를 설립했으며 청년들에게 신학문을 교육했어요.

하지만 나라가 점차 기울어지자 김좌진은 무력 투쟁만이 나라를 구할 수 있는 길이라고 생각했어요. 그는 **박상진**이 만든 대한 광복회에 가입해 맹렬하게 항일 투쟁을 벌였지요. 그리고 일본 경찰의 추적을 피해 만주로 망명했어요.

북로 군정서의 총사령관이 되어 청산리 전투를 승리로 이끌다!

1919년 김좌진은 만주 길림에서 독립운동가 39명과 함께 대한 독립 선언서를 발표했어요. 이후 북로 군정서의 총사령관이 되어 대한민국 임시 정부가 지원해 준 자금으로 사관 양성소를 설립했습니다.

1920년 10월 21일, 김좌진이 이끄는 북로 군정서와 **홍범도**가 이끄는 대한 독립군이 주축이 된 독립군 연합 부대는 만주 청산리 일대에서 일본군에 맞서 전투를 시작했어요. 이때 김좌진은 독립군을 2개 중대로 편성하여 제1중대는 직접 지휘하고, 제2중대는 **이범석**이 지휘하게 했어요. 그는 주도면밀하게 작전을 지휘했고 소수의 병력으로 10배가 넘는 일본군을 물리쳤지요. 청산리 전투는 독립군이 거둔 가장 큰 승리였기 때문에 '청산리 대첩'이라고도 불린답니다.

● 청산리 전투 승리 후 기념 촬영 사진

이범석

북로 군정서에서 교관으로 활동하며 독립군을 양성하다

1900년 10월 20일 ~ 1972년 5월 11일

"조국! 너무나 흔하게 쓰이는 말이고, 또 생각 없이 불리며 일컬어지는 단어다.
그러나 조국이라는 이 두 글자처럼 온 인류,
각 민족에게 강력한 작용과 위대한 영향을 끼치는 것은 없다."

이범석은 서울에서 4대 독자로 태어나 풍족한 환경에서 자랐어요. 1915년, 경성 고등 보통학교에 다니던 그는 독립운동에 참여할 청년을 찾고 있던 **여운형**과 운명적인 만남을 하게 되었어요. 이범석은 여운형을 통해 국제 정세와 우리나라의 독립운동 상황을 듣고 중국 망명을 결심했지요.

상하이에 도착한 이범석은 **신규식**, 조성환, **신채호** 같은 민족 지도자들을 만났고, 이들의 영향을 받아 한평생 독립운동에 전념하기로 다짐합니다.

북로 군정서 교관이 되어 독립군을 양성하다

1919년 이범석은 **이시영**의 추천으로 신흥 무관 학교에 참여하였고, 교관으로 활동했어요. 그리고 다음 해 북로 군정서 총사령관 **김좌진**으로부터 파견 요청을 받았지요. 이후 북로 군정서의 교관이 되어 독립군 양성에 전력을 다했어요. 그는 스무 살의 어린 나이에도 불구하고 뛰어난 지도력을 발휘해 김좌진과 함께 북로 군정서를 이끌었어요. 또한 청산리 전투에 참여하여 무장 독립운동 사상 가장 빛나는 승리를 쟁취했습니다.

1940년 이범석은 한국광복군 참모장으로 취임하였고 미국 전략 첩보국(OSS)과 연합하여 국내 진입 작전을 계획했어요. 광복 이후에는 귀국하여 대한민국 정부의 초대 국무총리 겸 국방부 장관으로 일했습니다.

● 한국광복군 제2지대 1구대 대원들과 이범석(가운데 의자에 앉아 있는 사람이 이범석)

이혜련 1884년 4월 21일 ~ 1969년 4월 21일
대한 여자 애국단 총단장

"내 몸을 사랑하는 고국 땅에 묻어 주시오."

이혜련은 열여덟 살이 되던 해, 아버지와 사제지간이었던 **안창호**와 제중원에서 결혼식을 올렸어요. 그리고 안창호를 따라 함께 미국 샌프란시스코로 향했지요.

미국에 도착한 이혜련은 안창호를 도와 공립 협회를 만들고, 미주 지역 부인들을 모아 민족 운동을 지도했어요. 그녀는 안창호가 다른 지역에서 독립운동을 하는 동안 혼자서 아이들을 키워 냈지요.

1919년 국내에서 3·1 운동이 일어났다는 소식을 접한 이혜련은 로스앤젤레스에서 부인 친애회를 결성했어요. 그녀는 대한 여자 애국단에서 활동하며 독립 자금을 위한 모금 활동을 주도적으로 이끌었습니다.

대한 여자 애국단은 어떤 단체일까요?

대한 여자 애국단은 미국 캘리포니아주에서 조직된 여성 독립운동 조직이에요. 교사, 학생, 간호사 등 다양한 직종의 여성들이 가입했고 가장 많을 때는 약 150여 명이 활동했다고 해요. 주로 독립운동 자금을 모금해 대한민국 임시 정부를 후원했지요. 또한 1929년 11월에 일어난 광주 학생 항일 운동을 지지하며 현재 가치로 약 5,000만 원에 달하는 금액을 후원하기도 했습니다.

김필순 1878년 6월 25일 ~ 1919년 9월 1일
우리나라 최초의 면허 의사, 독립운동을 펼치다

김필순은 어려서부터 선교사들과 접할 기회가 많았어요. 덕분에 뛰어난 영어 실력을 겸비하게 되어 우리나라 최초의 근대식 병원인 제중원에서 통역을 맡으며 조수로 일했지요. 저학년 학생들에게 강의할 만큼 뛰어난 학생이었던 김필순은 제중원 의학교를 졸업하면서 우리나라 최초로 의사 면허를 받았습니다.

그는 특히 **안창호**와 의형제를 맺을 만큼 각별한 관계였어요. 김필순은 안창호의 영향으로 신민회에 가입하였고, 자택을 제공하여 독립운동가들의 활동을 후원했어요.

하지만 일본의 감시가 심해져 체포될 위기에 놓이자 김필순은 중국으로 망명했습니다. 그는 만주 통화시에서 병원을 열었고, 병원에서 거둔 수입을 모두 독립군의 군자금으로 기부했어요.

이후 김필순은 몽골 근처의 치치하얼로 건너갔고, 그곳에서 다시 병원을 열었어요. 또한 수십만 평의 토지를 사들여 조선 이주민을 위한 마을을 만들었어요. 그는 병원을 운영하며 독립운동을 펼치려 애썼지만 안타깝게도 일본인 조수에 의해 독살되어 세상을 떠나고 말았습니다.

차이석 (차리석)
1881년 7월 27일 ~ 1945년 9월 9일

대한민국 임시 정부의 '파수꾼'

"차이석 선생은 해외 혁명 운동자 가운데 특히 강력한 정신력을 소유하시기로 유명했다. (…) 사명을 완수한 강한 책임감은 한국 독립운동에 피가 되고 살이 되었다 해도 과언이 아니다."
1948년 사회장 당시 이시영과 김구의 추모사 중에서

차이석은 열여덟 살이 되던 해, 독립 협회 평양 지회에서 **안창호**를 만났어요. 당시 평양 쾌재정에서 열린 만민 공동회에서 안창호가 한 연설은 차이석에게 깊은 깨달음을 주었지요.

차이석은 학교를 졸업한 후 안창호가 세운 대성 학교에서 교사로 일했어요. 이때 비밀 결사 조직인 신민회에서도 활동하며 안창호와 뜻을 함께했어요. 이후 상하이로 건너가 대한민국 임시 정부를 세우는 데 참여했습니다.

1930년대 대한민국 임시 정부는 내부 갈등과 재정난으로 해체 위기에 놓이게 되었어요. 차이석은 대한민국 임시 정부를 끝까지 지키기 위해 요원들을 찾아다니며 설득하고, 성명서를 발표했어요. 이러한 그의 노력으로 **김구**를 비롯한 대한민국 임시 정부 지지 세력과 함께 임시 정부를 지켜낼 수 있었습니다.

1945년 8월 15일, 마침내 광복이 되었어요. 차이석은 대한민국 임시 정부의 역사를 기록한 서류들을 정리하며 귀국 준비를 했어요. 하지만 1945년 9월 5일, 그는 과로로 쓰러져 끝내 일어나지 못했습니다. 차이석은 "광복이 되었는데 왜 귀국하지 못하고 죽어야 하느냐."라고 한탄하며 서러워했다고 합니다.

추푸청 (저보성)
1873년 5월 27일 ~ 1948년 3월 29일

거액의 현상금이 아닌 의리로 김구를 지키다

추푸청은 **김구**를 도운 중국인이에요. 두 사람의 인연은 1932년 **윤봉길**이 상하이 훙커우 공원에서 폭탄을 던진 의거 이후 맺어졌지요.

윤봉길의 의거 이후, 일본은 대한민국 임시 정부 요인들을 끈질기게 추적했어요. 대한민국 임시 정부를 이끌었던 김구는 당연히 일본의 표적이 되었지요. 당시 일본 외무성과 조선 총독부, 상하이 주둔군 사령부는 김구를 잡아 오면 60만 원을 주겠다고 현상금을 걸었어요. 이 돈은 현재 가치로 따지면 약 200억 원에 해당하는 금액이에요.

이때 추푸청은 어떤 대가도 바라지 않고 김구에게 도움의 손길을 내밀었어요. 그는 중국 저장성 자싱시에 있는 한 집을 김구에게 내주었지요. 이곳은 집 뒤편에 선착장이 있어 일본 경찰의 급습을 피할 수 있는 곳이었어요.

이러한 도움이 있었기에 김구를 비롯한 독립운동가들이 독립운동을 지속적으로 이어 갈 수 있었던 거예요.

● 추푸청이 김구에게 제공한 하이옌 피난처

김순애 1889년 5월 12일 ~ 1976년 5월 17일

민간 외교관으로 활동하며 세계 각국에 독립을 호소하다

"한국은 마땅히 독립국이 되어야 하고, 한민족은 마땅히 자유민이 되어야 한다."

황해도에서 태어난 김순애는 친오빠인 **김필순**의 권유로 상경해 정신 여학교에 입학했어요. 학교를 졸업한 후에는 부산에 있는 초량 소학교에서 교사로 일했어요. 이때 김순애는 비밀리에 자신의 하숙집에서 학생들에게 역사와 지리를 가르치기도 했지요.

1919년 김순애는 **김규식**과 결혼해 중국 상하이로 거처를 옮겼어요. 부부는 **여운형**, 신석우 등과 함께 신한 청년당을 조직했어요. 김순애는 신한 청년당의 유일한 여성 당원으로 국내와 만주를 오가며 독립운동에 전념했지요. 또한 부녀자들을 모아 상하이 대한 애국 부인회를 만들어 독립 자금을 모금하는 등 활발하게 독립운동을 펼쳤습니다.

한 가문에서 독립운동가 5명이 나왔다고요?

김순애의 집안은 민족의식이 투철한 독립운동가 집안이었어요. 둘째 오빠 김윤오는 애국 계몽 단체인 '서우 학회'를 만들었으며, 셋째 오빠 김필순은 신민회에서 활동했지요. 여동생 김필례는 기독 여성 단체인 '한국 YWCA'를 창설했으며 조카인 김마리아는 대한민국 임시 정부에서 활약했어요. 김필순의 아들 김염은 최초의 한류 스타였어요. 그는 중국에서 영화를 찍어 번 돈으로 독립군의 군자금을 마련했습니다.

안미생 1919년 7월 13일 ~ 2008년 11월 24일
안중근의 조카이자 김구의 맏며느리

안미생은 중국 허베이성 베이징에서 태어났어요. 안미생은 **안중근**의 조카예요. 안미생의 아버지 안정근은 안중근의 동생으로 중국과 러시아에서 활동했던 독립운동가였지요.

상하이에서 어린 시절을 보낸 그녀는 해외로 유학을 떠났어요. 유학을 마친 후에는 중국 베이징에 있는 칭화 대학교에 입학했지요.

안미생은 대학 졸업 후 충칭에 있는 영국 대사관에서 근무했어요. 그녀는 중국어, 러시아어, 영어에 능통했으며 변화하는 국제 정세를 잘 파악하고 있었어요. 이러한 능력을 발휘하여 대한민국 임시 정부의 외교 활동에 중요한 역할을 수행했습니다.

1940년 안미생은 **김구**의 맏아들인 김인과 결혼했어요. 하지만 김인은 폐병에 걸려 이른 나이에 세상을 떠나고 말았지요. 광복 이후에는 김구의 비서가 되어 활약했고, 여성 운동과 교육에 앞장서며 활동했어요.

이후 안미생은 미국 뉴욕 롱아일랜드에서 '수산나 수지 안'으로 살며 미술 활동을 하다 2008년 세상을 떠났습니다.

안공근 1889년 7월 11일 ~ 1940년
안중근의 동생, 한인 애국단을 이끌다

안공근은 황해도 신천군에서 태어났어요. **안중근**의 동생이지요. 안공근은 안중근이 이토 히로부미를 처단했다는 소식을 접한 후 작은 형 안정근과 함께 러시아 연해주로 망명했어요.

1920년 그는 중국 상하이로 진출하여 대한민국 임시 정부에 참여했어요. 안공근은 능숙한 외국어 실력을 바탕으로 모스크바 밀파 외교원으로 임명되었고, 청산리 전투에 대한 러시아의 후원을 이끌어 냈지요.

1930년대에 접어들면서 안공근은 **김구**와 함께 한인 애국단을 조직했어요. 한인 애국단의 본부가 바로 안공근의 자택이었다고 해요.

그는 **이봉창**, **윤봉길** 의거를 계획하고 친일파를 처단하기 위해 적극적으로 활동했어요. 또한 여러 독립 단체에서 주요 간부로 활동하면서 독립군을 양성하고 자금을 운반하는 일을 책임졌습니다.

● 대한민국 임시 정부에서 활동하던 시기의 안공근(뒷줄 왼쪽에서 네 번째)

이강 1878년 4월 18일 ~ 1964년 10월 13일

하얼빈 의거의 조력자, 안중근을 끝까지 지키다

"굳은 의지와 고된 투쟁 속에 인생은 얼마나 위대한가.
오산 선생님, 당신을 깊이 존경합니다."
중국인 제자 리이

이강은 1902년 하와이로 건너가 1년간 이민 생활을 했어요. 그리고 다음 해에 샌프란시스코로 옮겨 갔어요. 그곳에서 **안창호**를 만나 공립 협회를 설립하고 기관지인 〈공립 신보〉를 발행했어요.

이강은 1907년 귀국하여 안창호를 비롯한 동지들과 함께 비밀 결사인 신민회를 조직했습니다. 몇 달 뒤에는 러시아 블라디보스토크로 건너가 신민회의 지회를 만들었지요. 그는 러시아 한인 사회의 유일한 신문인 〈해조 신문〉을 발행했고, 이후 러시아 교민 단체 신문인 〈대동 공보〉의 기자로 활동했어요.

1909년 그는 이토 히로부미가 하얼빈에 온다는 소식을 듣고 **안중근**에게 전달했어요. 그리고 대동 공보사 사람들과 하얼빈 의거에 필요한 총과 자금을 지원했지요. 의거가 성공한 후에는 안중근을 위한 영국인 변호사를 구하기 위해 중국 베이징에 파견을 가기도 했어요. 이강은 안중근이 세상을 떠난 후에도 러시아 한인 사회에서 안중근 기념 사업을 추진하여 그의 뜻을 기렸습니다.

이화림 1905년 ~ 1999년 2월 10일

김구의 수행 비서이자 백발백중 실력을 자랑했던 저격수

"어머니를 떠나면서 나는 희생을 치렀다. 나는 이미 이 길에 올랐고, 후퇴할 이유도 없으며, 절대 후회하지 않을 것이다."

이화림은 가난한 집안의 막내로 태어났어요. 이화림에게는 두 명의 오빠가 있었는데 모두 항일 운동을 전개했어요. 오빠들의 영향을 받아 이화림도 조국 독립에 대한 강렬한 의지가 점점 자라났지요. 그리고 열네 살이 되던 해 3·1 운동에 참여했습니다.

1930년 이화림은 상하이로 건너가 **김구**의 수행 비서가 되면서 본격적으로 대한민국 임시 정부에 참여했어요. 그녀는 이름을 '이동해'로 바꾸고, 사격과 무술을 익혀 한인 애국단에도 가입했습니다.

이화림은 **이봉창**이 일본으로 폭탄을 가지고 갈 때, 바지단 안쪽에 주머니를 만들어 폭탄을 숨길 수 있도록 했어요. **윤봉길**이 훙커우 공원에서 폭탄을 던질 때는 일본 경찰의 눈을 피하기 위해 부부로 위장하여 함께 동행했지요.

1935년 이화림은 **김원봉**이 만든 조선 민족 혁명당에 가입했고, 조선 의용대 부녀 복무단 대원으로 활약했어요.

그녀는 일본군과 격전을 벌이며 일본군 진지 앞에서 확성기를 들고 일본의 침략을 반대한다는 연설을 하기도 했습니다.

민필호 1898년 2월 27일 ~ 1963년 4월 14일
대한민국 임시 정부를 지키고 위기를 해결하다

어렸을 때부터 영특했던 민필호는 열한 살에 우등생으로 소학교를 졸업한 후, 휘문 의숙에 입학했어요. 그런데 졸업을 몇 달 앞두고 일본에 의해 강제로 국권을 빼앗기는 상황이 벌어졌어요. 그는 "외국 연호가 적힌 졸업장을 받는 것이 수치스럽다."라고 말하며 휘문 의숙을 그만두고 중국 상하이로 건너갔습니다.

상하이에 도착한 민필호는 독립운동가들과 교류하며 독립운동에 참여했어요. 특히 그에게 가장 큰 영향을 끼친 사람이 바로 **신규식**이었지요. 민필호는 신규식의 비서가 되어 대한민국 임시 정부의 외교 업무를 도왔고, 자신의 월급으로 대한민국 임시 정부의 집세를 내기도 했어요.

광복 이후 **김구**는 민필호에게 대한민국 임시 정부의 잔무를 처리하고, 요원들의 귀국을 책임져 달라고 요청했어요. 민필호의 활약으로 대한민국 임시 정부 요원들과 그들의 가족, 학도병, 중국 국적을 가진 광복군 직원 등 약 100여 명이 무사히 귀국할 수 있었답니다.

● 1946년 4월 20일에 촬영된 민필호의 모습(맨 왼쪽)

문일민 1894년 12월 10일 ~ 1968년 10월 17일

안창호를 동경하며 독립운동의 꿈을 키우다

어린 시절 문일민은 근대식 사립 학교인 함일 학교에 입학하여 신학문을 배웠어요. 당시 문일민이 가장 존경하는 사람이 **안창호**였다고 해요. 그는 안창호를 동경하며 독립운동의 꿈을 키웠지요.

문일민은 3·1 운동 이후 만주로 건너가 신흥 무관 학교에 입학했어요. 그리고 대한 청년단 연합회에 가입해 일본 기관 폭파, 친일파 처단, 군자금 모집 등을 담당했습니다.

1920년 대한 청년단 연합회는 광복군 총영으로 개편했어요. 이 무렵 미국 의원단이 필리핀과 중국을 거쳐 조선에 방문한다는 소식이 전해졌어요. 광복군 총영은 서울, 평양, 신의주 등에서 폭탄 투척 의거를 벌이기로 계획했지요. 이때 문일민은 평양 폭탄대가 되어 평양으로 향했어요.

평안남도 도청에 도착한 문일민은 도청을 향해 폭탄을 던졌어요. 문일민이 던진 폭탄으로 도청의 벽 표면이 훼손되었고, 유리창도 30장이나 깨졌지요. 그는 그대로 잠복하며 다른 기회를 엿보다 일본 경찰과 총격전을 벌이기도 했어요.

1942년 문일민은 대한민국 임시 정부 임시 의정원 의원으로 활동했으며 우리나라의 독립을 위해 맹렬히 투쟁했습니다.

윤기섭 1887년 4월 4일 ~ 1959년 2월 27일
수많은 독립운동가를 양성한 대한민국 임시 정부 요원

"갈라진 조국을 후세에 물려주게 되어 죄가 크다만 남부끄럽지 않게 살다 죽었다는 것을 후세에게 전해 다오."

명문가 집안에서 태어난 윤기섭은 서울 보성 학교를 수석으로 졸업한 인재였어요. 그는 오산 학교에서 교사로 일하면서 학생들의 애국심을 드높이기 위해 노력했고, 신민회에서도 활동했지요.

하지만 일본의 간섭으로 학교 운영이 어렵게 되자 그는 만주로 망명했어요. 그곳에서 **이시영, 이동녕** 등과 함께 한인 자치 기관인 경학사를 설립하고 신흥 무관 학교를 세웠습니다. 윤기섭은 10년 동안 신흥 무관 학교의 교장을 맡으면서 수많은 독립군 인재를 양성했어요.

1920년에는 중국 상하이로 이동해 대한민국 임시 정부에서 활동했어요. 우리말 사용을 장려하는 연설회와 강연회를 열기도 했고, 태평양 회의에 참석해 각국 대표들에게 독립 청원서를 보내는 등 적극적인 활동을 펼쳤지요.

윤기섭은 대한민국 임시 정부가 휘청일 때 혼란을 수습하고 광복 이후에는 대한민국 임시 정부 요원과 그들의 가족을 귀국시키는 역할을 했습니다.

● 윤기섭

최능진 1899년 ~ 1951년 2월 11일
친일파와 맞서 싸운 독립운동가 출신 경찰관

"국가의 운명은 끊어졌다가도 몇 번이고 갱생할 수 있으나 민족이 죽으면 민족도 국가도 재건할 수 없다."

최능진은 평안남도의 부유한 대지주 집안에서 막내로 태어났어요. 큰형 최능찬과 둘째 형 최능현은 평안남도에서 3·1 운동을 주도했으며, 셋째 형 최능익은 미국으로 건너가 비행사 훈련을 받았어요.

이러한 집안 분위기 속에서 그는 1917년 미국으로 건너가 듀크 대학에서 체육학을 공부했어요. 대학 졸업 후에는 **안창호**가 이끌던 민족 운동 단체인 흥사단에 참여했습니다.

광복 이후 그는 **여운형**이 주도적으로 만든 건국 준비 위원회 평안남도 지부에서 치안 부장으로 활동했어요. 이후 미군정이 경무부를 만들자 수사 국장으로 임명되었지요. 그런데 그곳에서 일제 강점기 당시 독립운동가들을 악명 높게 고문했던 친일 경찰인 노덕술, 최연 등이 여전히 중요한 자리에 있는 것을 보고 최능진은 격분했어요. 이때부터 비밀리에 친일 인사 카드를 작성하며 친일 경찰을 처벌해야 한다고 주장했지요. 하지만 1951년 그는 군사 재판에서 사형 선고를 받고 총살을 당했습니다.

시간이 흘러 2015년, 최능진은 당시 재판권도 없는 군사 재판에서 부당하게 총살당한 것으로 밝혀졌어요. 그는 64년 만에 무죄 판결을 받았습니다.

김기도 1922년 8월 8일 ~ 1989년 8월 16일
일본과 치열하게 싸우고 대한민국의 안보를 위해 헌신한 광복군

김기도는 1944년 학도병으로 일본군에 끌려가 중국 전선에 배치되었어요. 같은 해 12월 무렵, 그는 일본군에서 탈출하는 데 성공했고 한국광복군 제2지대에 입대했어요. 당시 일본군이 점령하고 있던 루이양 지역에서 조국 독립을 위해 투쟁했지요.

1945년 8월 15일, 마침내 광복을 맞이했어요. 김기도는 귀국하여 경찰 공무원으로 일했지요. 시간이 지나 1950년 6월 25일, 북한의 남침으로 시작된 6·25 전쟁이 발발했어요. 김기도는 육군 포병 사단 임시 호위 중대장이 되어 낙동강 방어선에서 승리를 거두는 데 공을 세웠습니다.

● 한국광복군 제2지대

● 한국광복군 제2지대 대원들의 모습

채응언 1883년 ~ 1915년 11월 4일
불의와 타협하지 않았던 대한 제국의 마지막 의병장

"내 나라를 위해 싸운 내가 왜 강도란 말인가. 강도는 오히려 너희들이 아닌가."

채응언은 1907년 일본이 대한 제국의 군대를 강제로 해산하자 본격적으로 의병 활동을 시작했어요. 그는 처음에는 대원을 모집하는 일 같은 여러 잡일을 맡았어요. 그러던 중 의병장이 전사하자 채응언이 그 뒤를 이어 의병장이 되었고, 의병 부대를 이끌었지요.

채응언의 의병 부대는 경기도, 황해도, 평안남도, 함경남도, 강원도를 오가며 활발하게 활동했어요. 신출귀몰한 활약으로 각 도의 경계를 넘나들며 일본군과 맞서 싸웠지요. 또한 민족을 배신한 반역자와 밀정을 처단하기도 했어요. 그러자 위협을 느낀 일본 경찰은 '채응언 수색대'를 만들었고, 현상금을 걸어 채응언을 체포하기 위해 전력을 기울였지요.

이 무렵 채응언은 군자금을 전달하기 위해 한 마을을 찾아갔어요. 그런데 마을 주민이 채응언의 행방을 일본 경찰에게 밀고하면서 그는 결국 체포되어 사형 선고를 받았습니다.

● 항전 끝에 체포된 채응언

손정도 1881년 7월 26일 ~ 1931년 2월 19일
조국의 독립을 위해 선한 싸움을 맹세한 독립운동가

"비단옷은 있으면 좋지만 없어도 그만이다. 그러나 걸레는 하루만 없어도 집안이 엉망이 되므로 없어서는 안 된다. 나는 걸레와 같은 삶을 택해 불쌍한 우리 동포들을 도우며 살겠다."

1910년 손정도는 숭실 전문학교를 졸업한 후, 만주에 선교사로 파견되었어요. 그는 하얼빈, 북간도, 블라디보스토크를 다니며 선교 활동을 했고 독립운동도 펼쳤지요.

1912년 손정도는 하얼빈에서 일본 수상 암살 음모에 가담한 혐의로 일본 경찰에게 체포되었어요. 그는 3개월 동안 조사를 받으며 모진 고문을 받아야 했습니다.

손정도는 출옥 후 병든 몸을 이끌고 항일 운동의 중심지였던 정동 교회의 담임 목사로 활동했어요. 이때 **유관순**을 비롯해 많은 학생에게 항일 정신을 가르쳤지요.

1919년 3·1 운동이 일어나기 직전에는 상하이로 건너가 **김구**, **안창호** 등과 함께 대한민국 임시 정부 설립을 의논했어요. 손정도는 대한민국 임시 정부에서 임시 의정원 의장과 국무 위원을 두루 역임하면서 주도적인 역할을 맡았습니다.

● 안창호와 손정도

오광심 1910년 3월 15일 ~ 1976년 4월 7일
일본의 감시를 피하기 위해 200쪽 넘는 보고서를 외워 전하다

"광복군은 남자의 전유물이 아니다. 우리 여성 자신의 권리와 임무를 위하여 광복군 대열에 용감히 참가하라."

오광심은 만주에서 화흥 학교를 졸업한 후 보통학교(지금의 초등학교)에서 학생들을 가르쳤어요. 이 시기에 그녀는 독립운동을 하기 위해 조선 혁명당에도 가입했지요.

1931년 일본이 군사를 일으켜 만주를 점령한 '만주 사변'이 일어났어요. 정세가 혼란스러워지자 오광심은 조선 혁명군 사령부 군수처에서 복무하게 되었어요. 이때 그녀는 조선 혁명군 참모장이었던 김학규를 만나 결혼했지요.

당시 민족 지도자들은 중국에서 활동하는 독립운동 단체들을 하나로 통일하면 더욱 효과적인 항일 운동을 펼칠 수 있을 것이라고 생각했어요. 김학규는 이러한 내용을 바탕으로 보고서를 작성했고, 오광심에게 이 보고서를 만주로 가져가야 한다고 했어요. 하지만 이것을 가지고 만주에 간다는 것은 굉장히 위험한 일이었지요. 결국 오광심은 일본의 감시를 피하기 위해 200쪽이 넘는 보고서의 내용을 통째로 외워 만주로 향했어요. 그녀는 이동하면서도 계속해서 속으로 되뇌었고, 마침내 만주에 도착하여 토씨 하나 틀리지 않고 보고서 내용을 전했습니다.

오희옥 1926년 ~ 2024년 11월 17일
독립운동 가문의 딸, 열네 살 나이로 독립군에 입대하다

오희옥은 경기도 용인에서 태어났어요. 그녀의 할아버지 오인수는 대한 제국 때 의병장으로 활동했으며, 아버지 오광선은 신흥 무관 학교에서 훈련을 받고 독립군으로 활동했어요. 어머니 정현숙은 '만주 독립군의 어머니'라고 불리며 독립군들의 활동을 뒤에서 도왔지요. 오희옥의 집안은 아버지, 아들, 손녀 3대에 걸쳐 독립운동을 전개해 '용인의 3대 독립운동 가문'으로 알려져 있어요.

어린 시절 그녀는 **김구**, **이시영** 등을 지켜보며 반드시 독립군이 되리라 다짐했어요. 그리고 열네 살이 되던 해, 언니 오희영과 함께 중국으로 갔지요. 그녀는 한국 광복 진선 청년 공작대에 입대해 일본군에 대한 정보를 수집하고, 밀서를 전달하는 임무를 수행했어요. 나중에 한국 광복 진선 청년 공작대는 한국광복군에 편입되었고, 오희옥은 첩보 활동을 펼치며 항일 운동을 이어 갔습니다.

● 한국 광복 진선 청년 공작대

장준하 1915년 8월 27일 ~ 1975년 8월 17일
일제 강점기에 태어나 조국의 독립을 위해 싸운 시대의 등불

"후손들에게 나라가 없어 당하는 서러움만은 또다시 안겨 주지 않을 것이고, 권력을 이용해 독재가 판을 치는 세상을 물려주지 않겠다."

장준하는 일본에서 유학 생활을 하던 중 일본군 학도병으로 강제 징집되었어요. 그는 기회를 엿보다 탈출에 성공해 김준엽, 홍기화 등과 함께 한국광복군 제3지대에 입대했어요.

장준하는 한국광복군에서 훈련을 받으며 김준엽과 함께 잡지《등불》을 펴냈어요. 그는 중국 충칭으로 활동지를 옮긴 대한민국 임시 정부에 합류하기 위해 동지들과 파촉령의 거친 산맥을 목숨 걸고 넘었지요. 마침내 도착한 대한민국 임시 정부 청사에서 주석 **김구**와 만나게 되었고, 김구의 비서 실장으로 활동했습니다.

광복 이후에는 우리 민족의 바른 삶을 이끌기 위한 글을 쓰는 데 집중했어요. 특히 그가 펴낸 시사 잡지《사상계》는 민족의 통일과 자유 민주주의 확립 등을 목표로 삼았는데, 지식인과 학생들에게 폭발적인 인기를 끌었지요.

1962년에는 한국인 최초로 아시아의 노벨상이라고 불리는 '막사이사이상'의 언론·문학 부문 상을 수상했어요. 갈수록 영향력이 높아지자 장준하는 당시 정권의 탄압을 받았지만, 이에 굴하지 않고 대한민국의 민주화에 이바지했습니다.

박차정 1910년 5월 7일 ~ 1944년 5월 27일

총칼 들고 일본군과 맞서 싸운 조선 의용대 부녀 복무단 단장

"천하에 정의로운 일을 맹렬히 실행하기로 한다."

박차정은 부산에서 3남 2녀 중 넷째로 태어났어요. 그녀는 의열단 활동을 했던 오빠들의 영향을 받아 강한 항일 정신을 지니게 되었어요. 또한 근우회 활동을 하며 임금 차별 철폐를 주장하는 등 여성 해방을 위해서도 노력했습니다.

1930년 박차정은 일본의 감시를 피해 중국으로 망명했어요. 이때 척박한 환경 속에서 자라나는 들꽃처럼 독립운동에 헌신한다 하여 '대륙의 들꽃'으로 불렸지요. 그녀는 의열단에 합류했으며 **김원봉**과 인연이 닿아 혼인을 치렀어요. 1938년에는 조선 의용대 부녀 복무단 단장이 되어 일본군에 맞서 총칼을 들고 싸웠습니다.

근우회는 어떤 단체일까요?

근우회는 여성의 지위 향상과 항일 구국 운동을 위해 만들어진 단체로 신간회의 자매 단체예요. 기독교 세력을 중심으로 하는 민족주의 세력과 사회주의 계열 여성 단체가 모두 참여한 통합 여성 운동 조직이었지요.

● 근우회 결성식

계봉우 1880년 8월 1일 ~ 1959년 7월 5일
4개국을 넘나들며 독립운동을 펼친 시대의 지성인

계봉우는 일곱 살 때부터 서당에서 천자문을 배우기 시작했으며 열네 살에는 사서삼경을 읽을 정도로 명석했다고 해요. 1905년 일본의 강압에 의해 을사조약이 체결되자 청년이 된 계봉우는 **이동휘**를 따라 신민회에 가입하여 항일 운동을 전개했어요.

1910년 대한 제국이 결국 일본의 식민지가 되자 그는 북간도로 이동했어요. 그곳에서 학생들에게 역사와 국어를 가르쳤지요. 또한 《조선 역사》, 《신한 독립사》 등 역사 교과서도 저술했어요.

시간이 흘러 계봉우는 블라디보스토크로 망명했고 항일 독립운동 단체인 '권업회'에 참여했어요. 권업회의 기관지인 〈권업신문〉의 기자로 활동하면서 안정근이 가져온 자료들을 바탕으로 안중근에 관한 글을 신문에 연재하기도 했지요.

1919년 계봉우는 상하이로 이동해 대한민국 임시 정부에서 의정원 의원으로 활동했어요. 그러다 자유시 참변으로 옥고를 치른 후에는 중앙 아시아로 강제 이주를 당했어요. 계봉우는 그곳에서 한국어와 한국 역사를 연구하고 교육하는 데 일생을 바쳤습니다.

남자현 1872년 12월 7일 ~ 1933년 8월 22일

총을 든 독립군의 어머니, 암살을 계획하다

"사람이 죽고 사는 것이 먹는 데 있는 것이 아니고 정신에 있다. 독립은 정신으로 이루어지느니라."

어린 시절 남자현은 높은 벼슬을 지낸 아버지로부터 가르침을 받아 일찍 한글과 한문을 깨우쳤어요. 열아홉 살이 되었을 때, 그녀는 아버지의 제자였던 김영주와 결혼했지요.

하지만 행복한 결혼 생활도 잠시, 일본의 침략이 거세어지자 김영주는 의병을 일으켰고, 일본군과의 전투에서 끝내 목숨을 잃고 말았어요. 남자현은 남편의 원수를 갚기 위해 아들과 함께 만주로 망명했지요. 그리고 서로 군정서에 가입하여 군사들의 뒷바라지를 했고, 부상자를 간호했어요. 이때 남자현은 '독립군의 어머니'라는 별명으로 불렸다고 해요.

1933년 그녀는 일본 대사 겸 만주 관동군 사령관 무토 노부요시를 암살하려는 계획을 세웠어요. 남자현은 노파로 변장한 뒤 거사 장소에 무기와 폭탄을 운반하려고 했지요. 하지만 밀정의 밀고로 계획은 실패로 돌아갔고, 남자현은 체포되었습니다.

그녀는 감옥에서 6개월 동안 가혹한 고문을 받았어요. 남자현은 죽기 직전 마지막 순간에 아들에게 자신이 가진 돈을 조선이 독립되는 날, 독립 축하금으로 바치라는 유언을 남겼습니다.

의친왕 1877년 3월 30일 ~ 1955년 8월 16일
황실에서 항일 투쟁의 불꽃을 피우다

의친왕은 고종과 귀인 장씨 사이에서 태어났어요. 본명은 이강(李堈)이에요. 대사로 임명되어 여러 나라를 방문하고 미국 유학을 다녀온 그는 의친왕에 책봉되었지요.

의친왕은 대한 제국 육군 부장이 되어 고종 황제를 보필했어요. 하지만 1910년 대한 제국이 일본의 식민지가 되자 그는 조선 황족 중 유일하게 항일 투쟁에 나섰습니다.

의친왕은 독립운동가들과 가까이 지냈고 자신의 궁인 사동궁에서 비밀리에 독립운동을 계획하기도 했어요. 또한 **손병희**와 3·1 운동을 기획했으며, 민족 대표 33인이 독립 선언문을 공표하기 위해 태화관에 모일 수 있도록 주선했지요.

3·1 운동 이후 의친왕은 김가진, 최익환이 창단한 우리나라 최초의 항일 비밀 결사 단체인 조선 민족 대동단과 접선해 상하이 대한민국 임시 정부로 탈출을 시도했어요. 하지만 일본 경찰에게 발각되어 강제 송환되었어요.

나석주 1892년 2월 4일 ~ 1926년 12월 28일

조선 수탈의 심장부에 폭탄을 던져 민족의 혼을 일깨우다

"나는 조국의 자유를 위해 투쟁했다. 2천만 민중아, 분투하여 쉬지 말라!"

3·1 운동 이후 중국으로 건너간 나석주는 대한민국 임시 정부에서 일하며 의열단에도 가입했어요. 당시 나석주는 **김구**의 생일상을 직접 차릴 정도로 두 사람은 각별했다고 해요.

나석주는 **김창숙**을 만나 일본이 우리나라의 토지와 자원을 약탈하기 위해 설립한 동양 척식 주식회사와 조선은행, 식산 은행 등을 폭파할 계획을 세웠습니다.

1926년 12월 28일, 나석주는 폭탄 두 개를 숨긴 채 식산 은행으로 가서 한 개의 폭탄을 던졌어요. 하지만 폭탄은 불발되었고, 나석주는 절망하며 동양 척식 주식회사로 향했지요. 그는 신문지에 숨긴 권총으로 1층과 2층을 돌며 일본인을 사살했고, 남은 폭탄을 투척했어요. 그러나 이 역시 터지지 않았지요.

나석주는 일본 경찰과 격렬한 접전을 벌이면서 군중을 향해 외쳤어요. "나는 조국의 자유를 위해 투쟁했다. 2천만 민중아, 분투하여 쉬지 말라!" 그리고 권총 세 발을 자신의 가슴에 쏘아 자결했습니다.

김구는 나석주의 자결 소식을 듣고 비통해 하며 죽는 날까지 자신의 생일을 챙기지 않았다고 합니다.

이인 1896년 9월 20일 ~ 1979년 4월 5일

독립운동가를 변호하고 우리말을 지킨 항일 변호사

"법정에서 저들과 싸우리라."

일제 강점기 당시 법정에 있던 조선인 판사와 검사의 수는 일본인 판사와 검사 수의 20분의 1정도밖에 되지 않았어요. 통역사가 있었지만, 재판이 대체로 일본어로 진행되었기 때문에 조선인의 권리는 공평하게 보장될 수 없었지요. 이인은 이러한 현실을 보며 법을 공부해 변호사가 되겠다고 다짐했습니다.

1922년 이인은 변호사 시험에 합격해 변호사가 되었어요. 그는 제2차 의열단 사건을 시작으로 많은 독립투사를 무료 변호하며 독립운동을 지원했어요. 이완용 암살 미수 사건, 사이토 총독 암살 미수 사건, 6·10 만세 운동 등에 관련한 많은 재판에 참여했지요. 일제 강점기에 그가 변호한 사건만 약 1,500건에 달한다고 해요. 또한 노동자, 농민, 여성들을 위해 무료 변론을 하고, 일본 경찰의 인권 탄압 문제를 재판장에서 지적해 판결을 뒤집기도 했어요. 그는 또한 우리말을 지키기 위해 조선어 학회 회원으로 활동하면서 한글 수호 운동에 적극적으로 나섰어요. 하지만 광복 이후 이인은 친일파를 처벌하기 위해 만들어진 '반민족 행위 특별 조사 위원회(반민 특위)'의 해체를 주장했어요. 그리하여 친일파 청산은 미완의 역사로 남게 되었지요. 이렇듯 우리는 역사를 입체적으로 바라보아야 합니다.

안무 1883년 6월 29일 ~ 1924년 9월 7일

국민 회군 사령관이자 봉오동 전투의 주역

안무의 본명은 안병호예요. 그는 1899년 대한 제국 진위대 병사로 입대했어요. 그 후 하사관을 거쳐 진위대 교련관으로 근무했지요.

1910년 대한 제국이 일본의 식민지가 되자 안무는 북간도로 망명했어요. 당시 북간도 명동촌에서 항일 운동을 전개하던 **이동휘**와 **김약연** 등을 만나 대한 국민회를 조직하고, 소속 군사 조직으로 국민 회군을 만들었지요. 안무는 국민 회군의 사령관이 되어 무장 항일 투쟁을 전개했습니다.

1920년에는 **홍범도**가 이끄는 대한 독립군, **최운산**과 최진동이 이끄는 대한 군무 도독부를 비롯한 독립군 단체와 연합하여 일본군과 맞서 싸웠어요. 안무는 봉오동 전투에 참전했고, 홍범도의 지휘 아래 전투 전략을 세우며 독립군을 강력한 조직으로 만들어 나갔습니다.

● 봉오동 전투

김성숙 1898년 3월 10일 ~ 1969년 4월 12일
이 한몸 바쳐 조선의 광복만을 바라다

"나는 이 몸을 나라에 바쳤으니 나라를 위해서 희생할 수만 있다면 나는 나의 할 일을 다 한 것이다."

김성숙은 열여덟 살이 되던 해, 신흥 무관 학교에 입학하고자 집을 나섰어요. 하지만 만주로 향하던 중, 양평 용문사의 한 스님을 만나면서 승려가 되기로 결심했습니다.

승려가 된 김성숙은 여전히 독립에 대한 의지가 강했어요. 그래서 독립 운동에 전념하기 위해 승려 5명과 함께 중국으로 건너갔지요. 그는 불교 유학생으로 북경의 민국 대학에 입학했고, 불교 유학생회를 조직해《황야》라는 기관지를 만들었습니다.

김성숙은 의열단에 가입해 선전 부장으로 활동했어요. 그는 광동 지역에서 항일 운동을 전개하다 중국인 여성 **두쥔훼이**를 만나게 되었고, 두 사람은 부부의 연을 맺었지요. 부부는 일본 제국주의 침략에 맞서 함께 항일 운동에 나섰습니다.

또한 그는 대한민국 임시 정부 국무 위원으로도 활약했으며 광복 후에는 대한민국 임시 정부 요원들과 함께 귀국했습니다.

두쥔훼이 (두군혜) 1904년 ~ 1981년
항일 정신이 투철했던 중국 여성 독립운동가

"나는 조선의 딸이다."

두쥔훼이는 중국 광저우의 평범한 가정에서 태어났어요. 그녀는 어려서부터 책을 좋아하고 정의감이 남달랐다고 해요. 그러던 어느 날, 광저우에서 항일 운동을 하던 중에 두쥔훼이는 **김성숙**을 만나게 되었어요.

두쥔훼이는 김성숙을 통해 중국 역사에 눈을 뜨게 되었고, 차츰 혁명가의 길로 나아갔어요. 1929년 두 사람은 상하이에서 결혼했고 부부가 되어 함께 독립운동에 전념했습니다.

두쥔훼이는 1943년 2월부터 대한민국 임시 정부 외무부 부원 등으로 활동했어요. 그녀는 중국 여성계의 항일 구국 운동에도 참여했지요. 또한 여러 독립운동가와 교류하며 한중 우호를 다지는 등 지속적으로 한국 독립운동을 지원했습니다.

● 두쥔훼이와 김성숙의 가족사진(뒷줄 왼쪽에서 두 번째가 두쥔훼이, 세 번째가 김성숙)

김약연 <small>1869년 9월 12일 ~ 1942년 10월 29일</small>
윤동주 시인의 외삼촌이자 전 재산을 팔아 인재 양성에 헌신한 독립운동가

"내 삶이 유언이다."

　　　　　　김약연은 어렸을 때부터 총명하고 참된 품성을 갖추고 있어 마을 사람들의 칭찬이 자자했다고 해요. 1899년 외세의 침략과 수탈이 거세어지자 그는 가족들을 이끌고 만주로 건너갔지요.

　김약연은 삶의 터전을 잃은 동포들을 위해 전 재산을 팔아 땅을 사서 한인촌을 개척했어요. 그리고 그곳의 이름을 '동쪽을 밝힌다.'는 뜻의 '명동촌'이라고 지었습니다.

　그는 **이상설**의 주도로 운영되었다가 1907년 폐교된 서전서숙을 고쳐 명동 의숙을 설립했어요. 명동 의숙은 명동 학교로 발전했고, 김약연은 초대 교장에 취임했지요.

　명동 학교는 나운규, 문익환, **송몽규** 등 수많은 독립지사를 길러낸 학교입니다. 김약연의 조카인 **윤동주**도 명동 학교를 졸업했어요.

　1919년 3·1 운동이 일어난 직후에는 북간도에서 만세 시위를 전개했으며 불타는 애국심으로 독립 의지를 이어 갔습니다.

이상화 1901년 4월 5일 ~ 1943년 4월 25일
분노를 쓰며 일본에 저항한 민족 시인

"지금은 남의 땅 - 빼앗긴 들에도 봄은 오는가?"

이상화는 일곱 살 때 아버지를 여의고 큰아버지 이일우의 손에서 자랐어요. 이일우는 조선 청년에게 민족의식과 독립 정신을 일깨우기 위해 '우현서루'를 운영한 교육자였어요. 이러한 영향을 받은 이상화는 3·1 운동이 일어나자 대구 서문 시장 만세 시위에 참여했지요.

이상화는 현진건의 소개로 문예 동인지 《백조》에 참여하기도 했어요. 그는 창간호에 〈말세의 희탄〉, 〈단조〉, 〈가을의 풍경〉을 발표하며 본격적으로 시인의 길을 걸었어요.

1926년 이상화는 〈빼앗긴 들에도 봄은 오는가〉라는 시를 발표했어요. 이 작품은 순한글로 쓴 민족 저항시예요. 식민지 민족의 설움과 일제에 대한 강한 저항 의식을 담았지요.

이후 이상화는 교남 학교 교사가 되어 학생들에게 조선어와 영어를 가르쳤어요. 그리고 "피압박 민족은 주먹이라도 굵어야 한다."라고 주장하며 학교에 권투부를 창설하기도 했습니다.

● 이상화

김시현 1883년 6월 9일 ~ 1966년 1월 3일
수차례의 체포와 투옥에도 독립을 향해 나아갔던 의열단의 핵심 인물

김시현은 스물아홉 살에 일본으로 건너가 메이지 대학교 법학과에 입학했어요. 졸업 후 고향으로 돌아온 그는 3·1 운동이 일어나자 시위에 앞장섰지요. 이때 김시현은 헌병대에 붙잡혔으나 극적으로 탈출하여 중국으로 망명했어요.

그는 중국에서 **김좌진**과 북로 군정서를 조직하였고, 의열단에 합류했어요. 김시현은 의열 투쟁을 위한 자금 조달과 무기 구입, 폭탄 제조 등을 지휘했지요. 의열단의 폭탄 투척 사건 배후에는 언제나 그가 있었어요. 김시현은 감옥에 갇혀 일본 경찰에게 모진 고문을 받아도 절대 의열 단원에 대한 정보를 누설하지 않았다고 해요.

출소 후에는 모스크바 극동 인민 대표 회의에 참석했고, 그곳에서 **권애라**를 만나 평생의 인연을 맺게 되었어요. 부부는 조국 독립을 위해 끊임없이 투쟁했지요.

광복 이후 1950년, 6·25전쟁이 발발하고 전쟁의 참상을 목격한 그는 이승만 대통령 암살을 계획했어요. 하지만 오래된 권총이 불발하면서 계획은 실패로 돌아갔지요. 이 사건을 이유로 김시현은 아직도 국가의 서훈을 받지 못한 독립운동가로 남아 있습니다.

권애라 1897년 2월 2일 ~ 1973년 9월 26일
유관순의 선배이자 개성에서 3·1 운동을 주도한 독립운동가

권애라는 서울 이화 학당을 졸업하고, 호수돈 여학교 부설 유치원 교사로 일했어요.

그러던 중 1919년 3월 1일, 전국적으로 만세 시위가 일어났어요. 권애라는 예배당에 숨겨 두었던 독립 선언서를 동지에게 전해 주면서 개성 거리로 나가 사람들에게 배부하라고 했지요. 그녀는 학생들과 거리로 나가 찬송가를 부르며 개성 최초의 만세 시위를 주도했어요. 하지만 이 일로 권애라는 체포되어 9개월간 옥고를 치러야 했습니다.

이후 그녀는 모스크바에서 개최된 극동 인민 대표 회의에 한국 여성 대표로 당당히 참석했습니다.

3·1 운동을 이끈 여성들

권애라, 심영식, 임명애, 신관빈은 주도적으로 3·1 운동에 참여해 서대문 형무소 여옥사에 수감되었어요. 네 사람은 유관순과 같은 8호실 감방 동료였지요. 그들은 일본 경찰의 가혹한 고문에도 독립 의지를 굽히지 않고 옥중 만세 시위를 전개했습니다.

● 서대문 형무소 여옥사 8호실

손병희 1861년 4월 8일 ~ 1922년 5월 19일

민족 대표 33인의 중심이 되어 3·1 운동을 이끌다

"우리가 만세를 부른다고 당장 독립이 되는 것은 아니오. 그러나 겨레의 가슴에 독립 정신을 일깨워 주어야 하기 때문에 이번 기회에 꼭 만세를 불러야겠소."

서자로 태어난 손병희는 차별을 겪으며 어린 시절을 보냈어요. 그래서 '한울님과 사람은 평등하다.'라고 주창하는 동학을 받아들여 수행을 시작했지요.

1894년 동학 농민 운동이 일어나자 손병희는 충청도 지역의 농민군을 이끌고 전봉준이 이끄는 부대와 힘을 합쳐 싸웠어요. 하지만 일본군이 개입하면서 동학 농민 운동은 실패했고, 손병희는 동학 제3대 교주가 되어 동학을 '천도교'로 개칭했습니다.

1918년 손병희는 기독교와 불교 등 종교계 지도자들과 협의하여 대중화·일원화·비폭력화 원칙을 세운 독립 선언을 계획했어요. 이들의 염원이 담긴 독립 선언서는 이종일과 김홍규가 보성사에서 인쇄했지요. 독립 선언서는 총 3만 5천부가 인쇄되어 전국으로 배포했어요.

마침내 1919년 3월 1일, 손병희를 비롯해 민족 대표 33인이 태화관에서 독립 선언식을 거행했어요. 하지만 선언식을 마치자마자 일본 경찰이 들이닥쳐 손병희는 체포되었고 모진 고문을 받았어요. 결국 그는 뇌출혈로 쓰러져 병보석으로 풀려났지만, 치료를 받던 중 숨을 거두었습니다.

김형기 1896년 8월 9일 ~ 1950년 8월 20일
학생 운동을 주도하고 탑골 공원에서 독립 선언서를 낭독하다

김형기는 경성 의학 전문학교에 다니면서 재경 유학생회 회장을 맡았습니다.

1919년 민족적 거사를 준비하고 있던 민족 대표들은 각 전문학교의 대표들에게 만세 운동에 참여할 것을 요청했어요. 이에 김형기는 흔쾌히 승낙했지요. 그리고 민족 대표 33인의 염원이 담긴 독립 선언서를 각 전문학교 대표들과 함께 배부받았어요.

마침내 3월 1일 김형기는 탑골 공원에서 독립 선언서를 낭독했고, 군중들과 만세를 외쳤어요. 하지만 종로로 나아가 행진을 하던 중 일본 경찰에게 붙잡히고 말았어요. 그는 3·1 운동과 관련하여 붙잡힌 학생 210명 중 최고형인 1년형을 선고받았으며 약 1년 6개월간 서대문 형무소에 수감되었어요.

감옥에서 풀려난 후에는 학교를 졸업해 의사 면허를 취득했지요. 이후 그는 동산 의원을 설립해 병원 수입으로 독립운동을 지원했습니다.

● 3·1 운동

남동순 1903년 ~ 2010년 4월 3일
유관순의 소꿉친구이자 조국을 위해 헌신한 독립운동가

"내가 살아남은 건 관순이가 못다 한 일 하라고 하늘이 내리신 명이라고 생각했다."

충청남도 천안에서 태어난 남동순은 여섯 살 때 **유관순**을 만나 소꿉친구가 되었어요. 두 소녀는 이화 학당에서 같이 공부하며 단짝처럼 붙어 다녔지요. 두 사람을 보고 마을 사람들은 '관순이와 동순이'라 하여 '두순이'라고 불렀다고 해요.

하지만 1910년 일본에 의해 나라를 빼앗기자 두 친구는 독립운동에 나서기로 결심했어요. 1919년 3월 1일, 남동순은 유관순과 거리로 나가 목이 터져라 만세를 외쳤지요. 결국 그녀는 일본 경찰에 붙잡혀 서대문 형무소에 투옥되었어요. 일본 경찰은 남동순에게 같이 시위에 나선 동지들의 이름을 대라고 협박하며 모진 고문을 가했어요. 남동순은 이를 악물고 결코 입을 열지 않았지요.

우여곡절 끝에 살아남은 남동순은 유관순이 옥중에서 숨을 거두었다는 소식을 들었어요. 그녀는 너무나 슬펐지만 친구의 몫까지 싸우고자 다짐했지요.

남동순은 신익희가 주도한 독립운동 단체인 '7인의 결사대'에 들어가 유일한 여성 대원으로 활약했어요. 연해주, 몽골, 중국을 누비면서 독립 자금을 전달하고 허드렛일을 했으며, 일본군에 맞서 무장 투쟁을 했습니다.

이관술 1902년 4월 25일 ~ 1950년 7월 3일

일제 강점기, 암흑기를 밝힌 불굴의 항일 투사

"조국엔 언제나 감옥이 있었다."

이관술은 동덕 여자 고등 보통학교의 교사로 활동하며 평탄한 삶을 보냈어요. 하지만 그의 삶을 변화시킨 사건이 발생했어요. 바로 1929년 11월에 일어난 '광주 학생 항일 운동'이었지요. 광주에서 시작된 학생 독립운동의 불길은 전국으로 퍼졌고, 이관술의 제자들도 동맹 휴학을 하고 만세 운동에 참여했어요. 이관술은 학생들의 행동을 적극 지지하고 격려했어요.

그는 조선 반제 동맹, 경성 콤그룹 등의 일원으로 활약하며 두 차례 옥고를 치렀어요. 이 과정에서 악명 높은 친일 경찰관이었던 노덕술에게 모진 고문을 당했지만, 불굴의 의지로 버텨냈습니다.

광주 학생 항일 운동

1929년 10월 광주의 통학 기차 안에서 일본 남학생이 조선 여학생을 희롱하는 일이 발생했어요. 이 일을 계기로 양국 학생들 사이에서 싸움이 일어났고, 이에 경찰은 일본 학생의 편을 들었지요. 민족 차별에 분노한 광주 지역 학생들은 대규모 시위를 벌였고, 시민과 노동자들이 참여하면서 광주 학생 항일 운동은 3·1 운동 이후 최대 규모의 항일 민족 운동이 되었습니다.

이순금 1912년 ~ 불명
일제 주요 감시 대상 인물카드를 가장 많이 받은 독립운동가

이순금의 이복 오빠는 **이관술**이에요. 두 사람은 열 살 차이가 났고, 사는 집도 달랐지만 사이가 좋았지요. 이순금은 보통학교를 졸업한 뒤 이관술이 교사로 있던 동덕 여자 고등 보통학교에 입학했어요.

1929년 광주 학생 항일 운동 소식이 전해지자 많은 학생이 만세 운동에 나설 계획을 세웠어요. 이순금도 만세 시위에 참여했고 결국 일본 경찰에게 붙잡히고 말았어요. 그 과정에서 일제 주요 감시 대상 인물카드를 다섯 개나 받았지요. 그녀는 서대문 형무소에서 혹독한 고문에 시달렸지만 그 어떤 고문으로도 그녀의 독립을 향한 열망은 꺾을 수 없었습니다.

일제 주요 감시 대상 인물카드는 무엇일까요?

일본은 독립운동을 하다가 체포된 사람들의 사진과 이력, 범죄 사실을 적은 신상 카드를 만들었어요. 이 카드는 검거될 때마다 만들어졌는데 현재까지 확인된 것만 약 6,264장이라고 합니다.

● 안창호의 일제 주요 감시 대상 인물카드

호러스 그랜트 언더우드
1859년 7월 19일 ~ 1916년 10월 12일

한국을 사랑한 선교사

"내가 아는 것은 오로지 그곳에 주님을 모르는 1,000만 민중이 산다는 것뿐이오."

1855년 호러스 그랜트 언더우드는 선교사로서 처음 조선 땅을 밟았어요. 당시 조선은 선교 활동을 허락하지 않았기 때문에 그는 제중원에서 물리와 화학을 가르치는 교사로 지냈어요. 이후 연희 전문학교(지금의 연세 대학교)를 설립했지요. 호러스 그랜트 언더우드는 교회 연합 운동을 지도하면서 일본에 맞서 조선을 지키기 위해 노력했습니다.

조선에 크리스마스 문화를 처음 소개한 릴리어스 호튼 언더우드

릴리어스 호튼 언더우드는 한국 최초의 여성 전문 의료 선교사이자 호러스 그랜트 언더우드의 아내였어요. 릴리어스 호튼 언더우드는 명성 황후의 주치의가 되면서 명성 황후와 가까워졌어요. 호튼의 자서전에 따르면, 명성 황후는 호튼에게 서양의 관습에 대해 많이 물어보았다고 해요. 특히 크리스마스의 기원과 의미, 기념하는 방법 등에 관해 물어보았대요. 그렇게 릴리어스 호튼 언더우드에 의해 크리스마스 문화가 한국에 처음으로 소개된 거랍니다.

● 릴리어스 호튼 언더우드

메리 스크랜튼
1832년 11월 9일 ~ 1909년 10월 8일

교육의 힘을 통해 조선 여성의 잠재력을 깨우다

"일본에서의 생활 조건은 훌륭하나 나는 내 민족(조선인)에게 가서 그들 속에서 살고 싶다."

메리 스크랜튼은 미국에서 선교 활동을 시작했어요. 그러다 의사인 아들 윌리엄 스크랜튼을 따라 조선에서 활동을 시작하게 되었습니다.

그녀가 조선에 왔을 당시, 조선 여성들에게는 교육의 기회가 주어지지 않은 상황이었어요. 그래서 메리 스크랜튼은 여성을 위해 학교를 설립했지요. 하지만 여성 교육의 필요성에 대한 인식이 낮아 1년간 학생이 없었다고 해요.

1886년, 마침내 첫 학생이 학교에 입학하였고 점차 어엿한 학교의 모습을 갖추게 되면서 고종으로부터 '이화 학당'이라는 교명을 받았어요.

메리 스크랜튼은 이화 학당의 설립자이자 초대 교장으로서 학교 업무와 교육, 기독교 발전에 많은 노력을 기울였어요. 또한 1889년 한국 최초 근대식 여성 전문 병원인 '보구녀관'을 설립해 많은 여성에게 큰 위안과 도움을 주었습니다.

● 이화 학당

후세 다쓰지
1880년 11월 13일 ~ 1953년 9월 13일

차별받는 조선인들의 손을 잡아 준 일본인 변호사

"살아야 한다면 민중과 함께, 죽어야 한다면 민중을 위해."

후세 다쓰지는 어렸을 때 청일 전쟁과 러일 전쟁을 겪으면서 제국주의에 대해 깊은 회의감을 느꼈어요. 1911년 우연히 **안중근**의 《동양 평화론》을 읽게 된 후세 다쓰지는 깊은 감명을 받았지요. 이후 다쓰지는 〈조선의 독립운동에 경의를 표함〉이라는 글을 써서 일본의 제국주의적 침략 행위를 규탄하고 조선의 독립운동을 지지했어요.

1919년 조선인 유학생들이 일본 도쿄에서 독립 선언문을 발표하다 일본 경찰에게 붙잡힌 사건이 발생했어요. 이때 후세 다쓰지는 유학생들을 변호하고 조선 독립의 정당성을 밝혔지요.

또한 그는 의열단원 김시현과 박열, 가네코 후미코 부부를 비롯해 다수의 독립운동가를 변호했어요. 변호사 수임료는 단 한 푼도 받지 않고 독립운동가들 변호에 힘썼어요. 결국 일본의 눈 밖에 난 후세 다쓰지는 변호사 자격 정지 3회, 투옥 2회 등 갖은 고초를 겪어야 했어요.

그는 광복 후에도 재일 조선인의 권리 투쟁에 헌신했어요. 이러한 공로를 인정해 대한민국 정부는 2004년 일본인 최초로 후세 다쓰지에게 건국훈장 애족장을 사후에 지급하였습니다.

앨리스 해먼드 샤프
1871년 4월 11일 ~ 1972년 9월 8일

세상을 바꾸고 조선 여성의 미래를 밝히기 위해 노력한 선교사

앨리스 해먼드 샤프는 미국의 감리교 선교사였어요. 1900년 그녀는 조선에 부임해 여러 지역을 순회하면서 복음을 전하고 교육 활동을 펼쳤어요. 특히 앨리스는 조선 여성에게 주어진 가혹한 현실의 벽을 실감했어요. 그래서 여성들을 위한 전도와 교육에 매진했지요.

앨리스는 초등 교육을 받지 못한 부녀자들과 소녀들을 위한 야학을 개설했어요. 1905년에는 충청 지역 최초의 학교인 명신 여학당을 설립했지요. 명신 여학당은 연령이나 능력에 관계 없이 여성들에게 배움의 기회를 제공했어요.

그러던 어느 날, 그녀는 충청남도 천안을 방문했다가 똑똑한 여자아이를 만났어요. 그리고 그 아이를 자신의 수양딸로 삼았지요. 바로 이 아이가 **유관순**이에요! 앨리스는 유관순이 마음껏 공부할 수 있도록 아낌없이 지원해 주었지요.

그녀의 제자 중에는 유관순 이외에도 독립운동가 김현경, 최초의 여성 경찰서장을 지낸 노마리아 같은 여성 인재가 많이 있습니다. 앨리스는 미국으로 돌아간 후에도 한국을 위한 관심과 기도를 아끼지 않았다고 해요.

패트릭 도슨
1905년 8월 18일 ~ 1989년 2월 9일

조선을 조국만큼 사랑하여
독립의 희망을 심어 주다

어릴 때부터 천주교를 믿은 패트릭 도슨은 아일랜드 신학교를 졸업했어요. 선교사가 된 뒤에는 1933년 우리나라에 와서 제주 중앙 성당의 주임 신부가 되었습니다.

특히 그는 중일 전쟁과 관련한 일본의 거짓 보도를 거세게 비판했으며 일본군은 물자가 부족하여 결국 전쟁에서 패배할 것이라고 예측했어요. 또한 신도들에게 신문과 라디오 방송에서 일본의 승전 소식을 전하는 것은 믿지 말아야 하고, 일본이 패망하면 조선은 아일랜드처럼 독립할 것이라고 당당하게 말했지요. 그는 성당에 걸린 일장기를 떼어 내고, 일본어를 사용하지 말라고 하며 제주 주민들의 항일 의식을 격려했어요.

결국 패트릭 도슨은 유언비어 유포와 불경죄로 일본군에 체포되었어요. 하지만 그가 제주에서 펼친 독립운동은 신앙의 양심을 넘어 조선과 조선인을 사랑했기에 가능한 행동이었습니다.

윌리엄 린튼
1891년 2월 8일 ~ 1960년 10월 13일

군산 지역 3·5 만세 운동을 지원하다

윌리엄 린튼은 선교사로 임명되어 1912년에 조선에 들어오게 되었어요. 그는 군산 영명 학교에서 교육 선교를 시작했는데, 1년 만에 한글을 익혀 우리말로 성경과 영어를 가르쳤지요. 1917년에는 영명 학교 교장으로 임명되었습니다.

1919년 3·1 운동이 전국으로 확산되자, 영명 학교의 교사와 학생들도 군산 지역에서 3·5 만세 운동을 계획했어요. 린튼은 만세 운동을 준비하도록 은밀하게 지원했어요.

마침내 3월 5일, 군산 옥구에서 시작된 만세 운동은 전라북도 곳곳으로 이어지는 만세 운동의 신호탄이 되었어요. 이에 일본 경찰은 만세 운동에 참여한 시민들을 잔혹하게 탄압했고, 교사와 학생들을 고문했어요.

윌리엄 린튼은 미국으로 돌아가서 이 모든 일을 생생하게 증언했어요. 우리 민족이 펼친 3·1 운동과 독립운동을 글로 전하면서 조선 독립의 필요성과 지원을 주장했지요.

광복 이후 그는 우리나라에 다시 돌아와 인재 양성을 위한 교육 사업을 펼쳤습니다.

루이 마랭
1871년 2월 7일 ~ 1960년 5월 23일

파리 강화 회의에 참석한 김규식을 지원해 한국 독립운동을 돕다

"한국 독립을 위해 100만인 서명 운동을 펼치자."

프랑스 로렌 지방에서 태어난 루이 마랭은 탐험가이자 인류학자이며, 정치가였어요. 그는 러시아와 중국을 거쳐 한국을 여행하면서 한국이라는 나라에 관심을 가지게 되었지요.

1905년 루이 마랭은 프랑스 하원 의원에 선출되어 정치적 영향력을 얻게 되었어요. 1919년 파리 강화 회의가 개최되자, 그는 당시 회의에 참석한 **김규식**을 지원하며 한국 독립 문제를 보도하는 일에 도움을 주었습니다. 또한 파리에서 한국의 독립을 지지하는 외국인 단체인 '한국 친우회(Les Ami De la Corée)'를 조직한 후 초대 회장으로 활동했어요. 그는 한국 친우회 창립 총회 연설에서 "한국 독립을 위해 100만인 서명 운동을 펼치자"라고 제안하기도 했지요.

1932년 윤봉길 의거 이후, 일본 경찰은 프랑스 조계지에서 활동하는 조선인들을 대거 체포했어요. 이에 루이 마랭은 프랑스 외교 채널에 여러 차례 강력한 서한을 보내는 등 우리 민족을 위해 분투했습니다.

올리버 R. 에비슨
1860년 6월 30일 ~ 1956년 8월 29일

조선인 의사를 길러 낸 파란 눈의 의사

"조선 사람 스스로 제 꿈을 이룰 수 있도록 돕는 것이 나의 역할입니다."

올리버 R. 에비슨은 캐나다 토론토에서 의사이자 의과 대학 교수로 부와 명성을 얻었어요.

그러던 어느 날, 에비슨은 **호러스 그랜트 언더우드**를 만나 조선이라는 나라의 열악한 의료 환경에 대해 듣게 되었어요. 그는 평소에 '치료받기를 원하는 환자가 있는 곳은 기꺼이 달려가는 것이 의사의 사명'이라고 생각했어요. 그래서 과감하게 교수직을 포기하고 의료 선교사가 되어 조선에 입국할 결심을 했지요.

조선에 도착한 에비슨은 고종의 신임을 얻어 제중원 4대 원장으로 활동했어요. 그리고 **김필순**과 함께 서양 의학 서적을 한글로 번역하여 학생들의 교육을 도왔습니다.

그는 조선에 최신 설비를 갖춘 현대식 병원이 필요하다고 생각했어요. 에비슨은 미국의 사업가 루이스 H. 세브란스를 만나 조선에 현대식 병원이 필요한 이유를 연설했고, 세브란스는 병원 건립에 필요한 자금을 기부했지요. 그렇게 1904년, '세브란스 병원'을 개원하고 에비슨은 원장을 맡게 되었어요. 그는 한국에서 약 40여 년의 시간을 보낸 뒤 고국 캐나다로 돌아갔습니다.

로버트 그리어슨
1868년 2월 15일 ~ 1965년 5월 8일

독립운동가를 돕고
성진 지역 3·1 운동을 후원한 선교사

"한 나라의 백성들이 독립을 찾기 위해 아무런 무기도 없이 오로지 손에 작은 깃발만을 들고 분연히 일어나 용감히 외쳤던 것이다."

1898년 로버트 그리어슨은 부인과 함께 캐나다 장로회 선교사로서 조선에 오게 되었어요.

그는 함경도에서 의료 선교를 시작했고, 성진 지역에 선교 지부와 진료소를 설치했어요. 그러던 중 1909년, 국권 회복 운동에 힘을 쏟던 **이동휘**가 그리어슨을 찾아왔어요. 이동휘는 일본의 감시와 탄압을 피하기 위해 자신을 성진 지역 관할 구역 내 설교자로 임명해 줄 것을 요청했어요. 그리어슨은 기꺼이 요청을 받아들였고, 이동휘가 자유롭게 국권 회복 운동을 할 수 있도록 후원했어요. 이동휘가 국외로 망명을 갈 때도 그리어슨의 도움이 있었다고 해요.

1919년 3월 1일, 전국적으로 만세 시위가 일어났어요. 그리어슨은 만세 운동을 준비하는 성진 지역 사람들에게 자신의 집을 비밀 모임 장소로 제공하기도 했지요.

마침내 3월 10일, 성진 지역에서도 만세 시위가 일어났어요. 하지만 일본의 무자비한 탄압으로 부상자가 속출했고, 그리어슨은 그들을 치료하는 데 전념했지요. 이후 그가 캐나다로 돌아갈 때, 교인들은 성대한 송별회를 열어 주고 부두까지 배웅해 주었다고 합니다.

조지 새넌 맥큔
1873년 12월 15일 ~ 1941년 12월 4일

3·1 운동을 지원하고
신사 참배를 단호히 거부하다

"양심적으로 내가 할 수 없는 일을 학생들에게 시킬 수 없다."

조지 새넌 맥큔은 미국 펜실베이니아에서 태어나 1905년 기독교 선교사로서 조선에 들어왔어요. 그는 평양 선교 지부에 배정되어 교회 일을 도우며 지냈지요.

조지 새넌 맥큔은 신성 학교 교장을 맡았고, 3·1 운동이 일어나자 학생들에게 시위에 참여할 것을 독려했어요. 만세 운동이 전개되는 동안에 그는 자신이 목격한 것을 기록해 미국 시카고의 '컨티넨트' 잡지사로 전달했어요. 그리고 일본 경찰에게 쫓기는 학생들을 자신의 집에 피신시키기도 했습니다.

1928년 그는 평양 숭실 전문학교 교장으로 부임했어요. 그러던 중 1930년, 일본은 기독교계 학교에 신사 참배를 강요했어요. 조지 새넌 맥큔은 기독교 교리와 양심상 신사 참배는 할 수 없으며 내가 할 수 없는 일을 학생들에게 시킬 수 없다고 단호하게 거부했지요. 결국 그는 교장직에서 파면당했고 미국으로 돌아갔어요.

조지 새넌 맥큔은 미국에서 일본의 신사 참배 강요를 비판하는 연설을 하고, 논설을 기고했어요. 또한 한국인 유학생을 도우며 계속해서 한국 독립운동을 지원했습니다.

데이지 호킹
1888년 11월 26일 ~ 1971년 6월 10일

학생들과 함께 3·1 운동에
참여한 호주 선교사

데이지 호킹은 호주 빅토리아주 퀸클리프 출신 선교사예요. 그녀는 1916년 선교사로 조선에 들어와 경상남도 마산에 파견되었어요. 그곳에서 한국어 교사로 근무하면서 어린이를 위한 성경 학교를 운영했지요. 나중에는 부산진 일신 여학교에서 학생들을 교육하며 기독교를 전도했습니다.

1919년 일본의 식민 통치에 항거하여 3·1 운동이 일어났어요. 데이지 호킹은 일신 여학교 교사와 학생들과 함께 만세 시위에 참여했지요.

일신 여학교 교사와 학생들이 주도한 만세 시위는 부산과 경남 지역으로 시위가 확대되는 계기가 되었어요. 그리고 전반적인 시위의 계획과 진행을 여교사와 여학생들이 주도했다는 점에서 여성 독립운동에 커다란 발자취를 남겼습니다.

● 부산진 일신 여학교

프레더릭 아서 매켄지
1869년 ~ 1931년

**항일 의병을 취재하고 한국인의
독립운동 활동을 세계에 알린 언론인**

캐나다에서 태어난 프레더릭 아서 매켄지는 영국의 일간지인 〈데일리 메일〉에 입사하여 기자 생활을 시작하였어요. 1904년에는 러일 전쟁 취재를 위해 처음으로 한국을 방문하였고, 이후 두 번째 방문 때는 한국에 약 1년 6개월가량 머물렀지요. 이 기간 동안 매켄지는 항일 의병을 취재하기 위해 직접 의병을 찾아다녔어요.

1907년 경기도에서 의병을 취재한 매켄지는 "의병들의 복장과 무기는 초라했지만, 그들의 영롱한 눈초리와 얼굴에 감도는 자신만만한 미소를 보았을 때, 나는 확연히 깨달은 바가 있었다."라고 기록을 남겼습니다.

그는 자신이 직접 만난 항일 의병과 일제의 잔혹한 만행을 기록해 책을 만들었어요. 1908년 《대한제국의 비극(Tragedy of Korea)》을 출판했고, 1920년에는 3·1 운동을 기록한 《자유를 위한 한국인의 투쟁(Korea's fight for freedom)》을 출판했습니다.

● 프레더릭 아서 매켄지가 촬영하여 그의 책에 남긴 항일 의병 모습

새뮤얼 오스틴 모펫
1864년 1월 25일 ~ 1939년 10월 24일

한국을 사랑했던
20세기 가장 위대한 선교사

새뮤얼 오스틴 모펫은 미국 북장로 교회 선교부로부터 조선 선교사로 임명을 받아 1890년에 조선에 입국했어요. 평양을 중심으로 선교 활동을 시작하면서 숭실 전문대와 평양 신학교를 비롯해 수많은 학교와 교회를 세웠지요.

그는 조선인을 자기 민족처럼 사랑했어요. 그의 한국어식 이름이 '마포 삼열'이었기에 조선인들은 그를 '마포 목사님'이라고 부르며 따랐습니다.

1919년 모펫은 3·1 운동 소식을 접하고는 조선 민중들이 전개한 비폭력 평화 시위에 깊이 감동했어요. 그래서 선교사들과 함께 수많은 편지와 보고서를 써서 3·1 운동의 비폭력성과 일본의 잔혹한 진압 사실을 기록했지요. 또한 미국인이라는 신분을 이용해 자신의 집과 자신이 세운 학교를 독립운동가들의 근거지로 제공하기도 했습니다.

1930년부터 일본이 신사 참배를 본격적으로 강요하자 그는 끝까지 거부했어요. 급기야 자신이 세운 기독교 학교들을 자진 폐교했지요. 이 일로 모펫은 일본에 의해 추방되어 미국으로 귀국했습니다. 그는 1890년부터 1936년까지 46년간 조선 민중의 편에서 독립을 위해 간절히 기도했던 인물입니다.

도움받은 자료들

도움받은 사이트

공훈전자사료관 : e-gonghun.mpva.go.kr

국가보훈부 : mpva.go.kr/mpva/index.do

한국독립운동인명사전 : search.i815.or.kr/dictionary/main.do

우리역사넷 : contents.history.go.kr/front

양화진외국인선교사묘원 : yanghwajin.net

한민족문화대백과사전 : encykorea.aks.ac.kr

사진 출처

10쪽 : 대한민국 임시 정부 요인과 가족들 (공공누리, 한국학중앙연구원)

11쪽 : 삼팔선을 넘는 김구 (공공누리, 한국학중앙연구원)

13쪽 : 의거 전 태극기 앞에서 사진을 찍은 이봉창 (독립기념관)

15쪽 : 윤봉길이 한인 애국단에 가입해 선서문과 폭탄 등을 들고 촬영한 사진 (공공누리, 국가유산청)

17쪽 : 독립신문 (공공누리, 한국학중앙연구원)

18쪽 : 대한인 국민회 동지들과 안창호 (공공누리, 한국학중앙연구원)

19쪽 : 1916년 흥사단 연례 대회 기념사진 (위키미디어 커먼즈)

19쪽 : 1902년 안창호가 미국 유학을 가기 위해 사용했던 집조 (독립기념관)

21쪽 : 을사조약 전문 (공공누리, 한국학중앙연구원)

23쪽 : 서전서숙 (공공누리, 한국학중앙연구원)

25쪽 : 한국광복군 참모장 시절 김홍일 (공공누리, 한국학중앙연구원)

29쪽 : 파리 강화 회의 대표단과 김규식 (독립기념관)

31쪽 : 감화도 진위 대장 시절 이동휘 (공공누리, 한국학중앙연구원)

35쪽 : 동의 단지회 태극기 (독립기념관)

36쪽 : 동료들과 재판을 받고 있는 안중근 (공공누리, 한국학중앙연구원)

41쪽 : 대한민국 임시 정부 요인들과 이시영 (위키미디어 커먼즈)

45쪽 : 1907년 네덜란드 헤이그 만국 평화 회의에 파견된 이준, 이상설, 이위종 (공공누리, 한국학중앙연구원)

48쪽 : 대동 단결 선언 문서 (위키미디어 커먼즈, 위키워터2020)

49쪽 : 동제사의 핵심 인물이었던 신채호, 신석우, 신규식 (독립기념관)

51쪽 : 대한민국 임시 정부 요인들과 함께 있는 정정화 (공공누리, 한국학중앙연구원)

55쪽 : 한국광복군 전례식 기념사진 (위키미디어 커먼즈)

61쪽 : 김마리아 (공공누리, 한국학중앙연구원)

62쪽 : 2·8 독립 선언서 (공공누리, 한국학중앙연구원)

65쪽 : 1920년대 윌로우스 비행 학교 모습 (독립기념관)

67쪽 : 윈난 육군 항공 학교에서 동료들과 권기옥 (독립기념관)

69쪽 : 유한양행 로고 (유한양행 홈페이지)

71쪽 : 옥중 편지와 상덕태상회 청구서 (공공누리, 국가유산청)

74쪽 : 의열단 (위키미디어 커먼즈, 형석)

75쪽 : 김원봉 (위키미디어 커먼즈)

75쪽 : 조선 혁명 선언 (공공누리, 한국학중앙연구원)

77쪽 : 독사신론 (공공누리, 한국학중앙연구원)

79쪽 : 황푸 군관 학교 (위키미디어 커먼즈)

81쪽 : 효창 공원에 있는 삼의사 묘 (위키미디어 커먼즈, Lawinc 82)

85쪽 : 김상옥 (공공누리, 한국학중앙연구원)

86쪽 : 김상옥이 일본 헌병에게 빼앗은 장검 (독립기념관)

86쪽 : 김상옥이 종로 경찰서에 폭탄을 투척한 후 남은 폭탄 (공공누리, 한국학중앙연구원)

87쪽 : 일제 강점기 당시 종로 경찰서 (네이버 포토뷰어)

89쪽 : 조선 총독부 청사 (공공누리, 한국학중앙연구원)

91쪽 : 서울역 광장에 있는 강우규 의사 동상 (공공누리, 근현대사 아카이브)

98쪽 : 이화 학당을 다니던 시절 유관순 (공공누리, 한국학중앙연구원)

99쪽 : 죄수복을 입고 복역 중인 유관순 (공공누리, 한국학중앙연구원)

103쪽 : 태화관 (공공누리, 한국학중앙연구원)

105쪽 : 이육사의 일제 감시 대상 인물 카드 (이육사문학관)

107쪽 : 《하늘과 바람과 별과 시》(공공누리, 한국학중앙연구원)

109쪽 : 일본 유학 시절 송몽규 (공공누리, 한국학중앙연구원)

115쪽 : 대한 독립 선언서 전문 (공공누리, 한국학중앙연구원)

118쪽 : 봉오동 전투 상황도 (공공누리, 한국학중앙연구원)

119쪽 : 홍범도 (위키미디어 커먼즈)

123쪽 : 대종교를 창시한 나철 (위키미디어 커먼즈)

125쪽 : 청산리 전투 승리 후 기념사진 (공공누리, 한국학중앙연구원)

127쪽 : 한국광복군 제2지대 1구대 대원들과 이범석 (공공누리, 한국학중앙연구원)

131쪽 : 추푸청이 김구에게 제공한 하이옌 피난처 (독립기념관)

134쪽 : 대한민국 임시 정부에서 활동하던 시기의 안공근 (공공누리, 한국학중앙연구원)

137쪽 : 1946년 4월 20일에 촬영된 민필호의 모습 (공공누리, 한국학중앙연구원)

139쪽 : 윤기섭 (공공누리, 한국학중앙연구원)

141쪽 : 한국광복군 제2지대 (공공누리, 한국학중앙연구원)

141쪽 : 한국광복군 제2지대 대원들의 모습 (공공누리, 한국학중앙연구원)

142쪽 : 항전 끝에 체포된 채응언 (공공누리, 한국학중앙연구원)

143쪽 : 안창호와 손정도 (손정도기념사업회)

145쪽 : 한국 광복 진선 청년 공작대 (임시정부기념사업회)

147쪽 : 근우회 결성식 (공공누리, 한국학중앙연구원)

155쪽 : 김성숙과 두쥔훼이의 가족사진 (운암김성숙선생기념사업회)

157쪽 : 이상화 (공공누리, 한국학중앙연구원)

159쪽 : 서대문 형무소 여옥사 8호실 (공공누리, 서대문형무소역사관)

161쪽 : 3·1 운동 (공공누리, 한국학중앙연구원)

164쪽 : 안창호의 일제 주요 감시 대상 인물 카드 (위키미디어 커먼즈, 문화재청)

165쪽 : 릴리어스 호튼 언더우드 (위키피디아)

166쪽 : 이화 학당 (공공누리, 한국학중앙연구원)

175쪽 : 부산진 일신 여학교 (공공누리, 국가유산청)

176쪽 : 프레더릭 아서 매켄지가 촬영하여 그의 책에 남긴 항일 의병 모습 (공공누리, 한국학중앙연구원)

감수 김태훈

서울대학교 역사교육과를 졸업하고, 중고등학교에서 역사를 가르쳤습니다. 현재는 서강대학교 대학원에서 역사교육을 전공하고 있습니다. 중고등학교 역사교과서를 집필하였으며, 지은 책으로는 《토론으로 배우는 한국사》, 《파라오와 이집트》, 《생각하는 십대를 위한 콘서트: 한국사》 등이 있습니다.

초등학생이 꼭 알아야 할 독립운동가 100인
한국을 지킨 자랑스러운 독립운동가 이야기

1판 1쇄 펴낸 날 2025년 8월 1일
1판 2쇄 펴낸 날 2025년 10월 1일

글·그림 주환선
감수 김태훈

펴낸이 박윤태
펴낸곳 보누스
등록 2001년 8월 17일 제313-2002-179호
주소 서울시 마포구 동교로12안길 31 보누스 4층
전화 02-333-3114   **팩스** 02-3143-3254   **이메일** viking@bonusbook.co.kr
블로그 http://blog.naver.com/vikingbook   **인스타그램** @viking_kidbooks

ⓒ 주환선, 2025

- 이 책은 저작권법에 의해 보호를 받는 저작물이므로 무단전재와 무단복제를 금합니다. 이 책에 수록된 내용의 전부 또는 일부를 재사용하려면 반드시 지은이와 보누스출판사 양측의 서면동의를 받아야 합니다.

ISBN 978-89-6494-762-3 73910

바이킹은 보누스출판사의 어린이책 브랜드입니다.

- 책값은 뒤표지에 있습니다.